■■■■■■■■■■■■■■■■ 领导力就是影响力 Growing Influence

Growing Influence by Ron Price & Stacy Ennis
Copyright © 2018 by Ron Price & Stacy Ennis
Simplified Chinese translation copyright © 2020 Beijing Shiwenbooks Co., Ltd.
This translation published by arrangement with Columbine Communications & Publications, Walnut Creek, California USA, www.columbinecommunications.com through Bardon-Chinese Media Agency.
ALL RIGHTS RESERVED.

GROWING INFLUENCE
领导力就是影响力

[美]罗恩·普赖斯 [美]史黛西·恩尼斯 / 著

张秀旭 / 译

金城出版社
GOLD WALL PRESS
· 北京 ·

本作品一切中文权利归**金城出版社有限公司**所有,未经合法许可,严禁任何方式使用。

图书在版编目(CIP)数据

领导力就是影响力 /[美]罗恩·普赖斯,[美]史黛西·恩尼斯著;张秀旭译. —北京:金城出版社有限公司,2020.8
书名原文:Growing Influence
ISBN 978-7-5155-2030-8

Ⅰ.①领… Ⅱ.①罗… ②史… ③张… Ⅲ.①领导学 Ⅳ.① C933

中国版本图书馆CIP数据核字(2020)第 108486 号

领导力就是影响力

著　　者	[美]罗恩·普赖斯　　[美]史黛西·恩尼斯
译　　者	张秀旭
责任编辑	杨　超　彭洪清
责任校对	欧阳云
开　　本	880 毫米 × 1230 毫米　1/32
印　　张	5
字　　数	108 千字
版　　次	2020 年 8 月第 1 版
印　　次	2020 年 8 月第 1 次印刷
印　　刷	三河市祥达印刷包装有限公司
书　　号	ISBN 978-7-5155-2030-8
定　　价	36.80 元
出版发行	**金城出版社有限公司** 北京市朝阳区利泽东二路3号　邮编:100102
发 行 部	(010)84254364
编 辑 部	(010)64210080
总 编 室	(010)64228516
网　　址	http://www.jccb.com.cn
电子邮箱	jinchengchuban@163.com
法律顾问	北京市安理律师事务所　(电话)18911105819

本书旨在帮助
致力于成为伟大领导者的职场人士
战胜前进路上的每一个困难。

推荐语

正如强有力的领导者所知，演讲风格是王道。作者通过讲故事的方式，在不期而遇的场景中……为我们呈现一个综合而有效的计划，这个计划有助于我们成为有影响力而专注的领导者。我们会从书中那些简单的原则中汲取智慧，并开启改变之旅。……不仅仅是商务人士，也包括那些日常需要与他人打交道的人，都应该反复阅读这本书。

——《美国评论》

一本引人入胜的商业寓言，关注商业领导力中常常被人忽视的方面。商业上讲故事是最好的传统，故事总能展现并传递关于管理和领导力令人信服的观点。普赖斯和恩尼斯精心讲述了这样的故事，它巧妙结合了一个初出茅庐的商业领导者的培训和领导者需要具备的"三种影响力"之间的新颖关系。大卫的很多表述，比如将合作定性为"善良的共谋"，把劝诫当作"用理智领导，用情感服从"，把深奥的概念用容易记忆和实践的词语表达出来，而且阐述了很多领导学的知识，让读者耳目一新，深受启发。

——《科克斯书评》

本书采用两种书写模式，但是又把这两种模式合二为一。它既是一本商业指导书，也是一本寓言小说。这种融合是开创性的，带给读者启迪性的知识，像讲故事一样的叙事方式使这本书可读性很强。普赖斯和恩尼斯带领着读者走进舒适而又香气扑鼻的咖啡馆，和大卫、埃米莉一起讨论，让这些课程听起来少些说教味，从而更像是弥足珍贵的至理名言。

——《独立出版商》

这不是一本传统意义上讲述领导力的书籍。它提出了新颖、有见地的原则，促使读者深入思考并付诸实践，和书中的人物一起进步。

——阿比·路易，艾兰咨询集团创始人

这本书抓住了领导力的本质。罗恩和史黛西提供的这份清晰的路线图，带着你从诚实和真实出发培育影响力。无论是男性读者还是女性读者，都能从作者的经验和指导中获益。

——阿曼达·维索斯基，爱达荷州女性领导力项目总监和领导力教练

对于在职业任何阶段或者水平感到迷茫的人，《领导力就是影响力》都是一本极好的书。这本商业寓言书通俗易懂又不乏真知灼见，为企业人士提供精神营养，同时也为如何重新掌控自己的职业发展提供了切实可行的策略，并使之成为你追求的目标。如果你是公司明日之星，现在遇到那些秉持 20 世纪固定思维模式并依然用"管理"风格领导下属的人设置的障碍，这本书尤其适合你阅读。很显然《领导力就是影响力》在真正有责任感和崇尚自我领导的下一代中很有市场。

——埃米莉·苏考西，Root+River 联合创始人

《领导力就是影响力》用寓言讲述了一个很好理解的故事，探讨了性格和代际沟通等时下人们很关注的问题。通过讲故事和联想，本书讲述了关于同理心和导师制，告诉我们有时候会在最意想不到的地方为我们的职业找到最好的礼物。

——考特尼·费德，行为策略师、经理人教练

《领导力就是影响力》通过讨论"我也一样"主题，教会所有人在职业、婚姻和家庭中如何拥有更积极的影响力和更大的成功。无论你是 CEO，还是刚刚走上领导之路的新人，这本书都提供了改变领导者、团队以及所在公司的实用原则。如果你工作努力，有天赋，尽心尽力，无论男女老幼，无论哪种肤色，你都可以用本书的指导课程养成积极

影响力,从而取得成功。

——里克·斯托特,高级农场 CEO

本书巧妙地探讨当今世界最复杂的概念之一:如何创造一种影响力,从而使个人或者个人身处其中的组织发生有意义的变革。

——里克·鲍尔斯,TTI SI 总裁

把商业和故事有机结合从而创作商业寓言书是很难的,罗恩和史黛西的《领导力就是影响力》毫无疑问做到了这一点。故事的进展很轻松但是可信,在关键点上艺术地呈现了经验和至理名言。从纯粹实用角度看,每一位很有潜力的新领导人的书架上都应该有这本书。关于如何真正创造影响力既是当前的又是永恒的话题。本书无疑是我们影响力圈的一本必读书。

——贾斯廷·福斯特,Root+River 联合创始人

本书精彩地讲述了影响力在个人和职业发展中所用到的不同领导力特质所具有的力量。作者从四十余年对领导力的研究中选取很多事例,提供有力工具,艺术地讲故事,为我们人生成长提供帮助。

——May Lam,TTI SI 中国区总裁

最好的礼物之一就是能够促使个人真正成长的一种新的思维和理解方式。在《领导力就是影响力》这本书中,罗恩和史黛西提供了一个简单易行的模式,而只有真正的大师才能做到这一点——当下就能实际运用,无论是作为个人成长,还是成为一个有影响力的人。阅读并照书本实践,成就一生的影响力。

——帕德里克·贝里,OneFocus 创始人兼 CEO

我非常希望有新的视角来应对追求目标过程中的小挫折,《领导力就是影响力》满足了我的愿望,更重要的是,它让我认识到寻找成功道路时个体责任的重要性。现在我计划在日程表上增加一些自由支配

的时间，以便于忙碌的一天开始前能够研究战略问题。最终我明白"我和员工不能百分之百地控制每一件事情"，这有助于我摆脱因无法控制的情况而中断计划的困扰，而集中精力解决意外事件。

——瓦妮莎·贝彻，TTI SI 副总裁

目 录

1. 相　遇 　001
2. 你具备影响力 　007
3. 我应该关注什么？ 　025
4. 现在，忘记职位 　041
5. 性格第一 　053
6. 我想成为什么样的人 　073
7. 下一步，成为一个专家 　083
8. 让我们来讨论结构领导力 　093
9. 伟大的领导者做什么事情 　119
10. 行动的时候到了 　129
致　谢 　139
给读者的问题 　141
作者问答 　142

1

相　遇

埃米莉看着店员把水烧开，看他迅速走到柜台上摆好的玻璃滤壶和滤杯前，将滤网熟练地放到滤壶中间，然后把开水浇在滤网上。做完这些后，他扶了扶宽边眼镜。

"我这样做是为了清洁滤网，冲出更地道的咖啡。"店员说道。

埃米莉微微一笑，看了下手表。手表发出嗡嗡声，提醒她收到了新邮件。她换了个站姿，感觉今天早上手提电脑包特别沉。在深褐色的头发披散下来前，她用手拢了拢，简单规整下，这是她情绪紧张时下意识的动作，她成年后就养成这样的习惯。她望向窗外，当她回过头再看店员时，他还在忙着烧水。她扮了个鬼脸，又看了下手表。店员正用勺子把磨碎的咖啡舀到滤壶中。

舀满咖啡，倒进去，舀满，倒进去，舀满，倒进去，最后长出一口气。

他走到柜台里面，拎起水壶，将开水以极慢的速度注入咖啡中。

咖啡不断淬出并滴入滤网下的玻璃杯中。埃米莉有些不耐烦，轻轻叹了口气。

"我可以把咖啡端给你，我们通常都是这样做的。"店员说。

你终于说这句话了，她心里想着，然后大声说："好的。"

埃米莉急匆匆地走上楼梯，把电脑包里的物品摆到一张橡木材质的长咖啡桌上。她翻开笔记本，打开电脑上的PPT，然后又看了下手表。

她浏览着PPT，看起来自信又从容。她告诉自己一切都将很完美，她准备得很充分，昨天晚上休息得也很好，今天上午早早给公司打过招呼，骑着自行车来到咖啡馆办公。现在，她只需要为汇报做最后的准备。然而当埃米莉翻看到第十四张PPT时，她停了下来，心里感到一阵慌乱。这张PPT是空白的。她前一天晚上写在上面的文字去哪了呢？

她迫不及待往下翻看，第十五张、十六张、十七张，也都是空白的。

她越来越焦虑，开始检查自己的笔记。她不得不重新准备汇报材料，但是现在首先要做的是，闭上眼睛深吸一口气，然后再吸一口气。

"您的咖啡，请慢用。"

埃米莉听到身后传来的声音吓了一跳，有些不自然地笑了："香味四溢，谢谢。"

店员把咖啡放在埃米莉右手边，她开始重新准备1小时40分钟之后就要用到的汇报材料。她第一次制作这些PPT时用了将近3个小时，现在她希望尽量在会议开始前搞定它们。上午她原本打算再做一些其他准备工作，现在看来是不可能了。

埃米莉端起咖啡，眼睛还盯着电脑屏幕。1秒钟后，桌子上到处溅上了热咖啡，幸亏她及时拿起电脑和笔记本。

"讨厌，讨厌，讨厌。"她把电脑和笔记本放到桌子另一端，

1. 相 遇

起身寻找餐巾纸，差点撞在一个人身上。她赶紧缩回身子，这时候一个人递过来一沓餐巾纸。

"是在找这个吧？"那人问道。

"哦，是的，谢谢。"埃米莉稍做迟疑，笑着接过餐巾纸。那人去取了更多餐巾纸，然后走过来帮忙擦拭桌面上的咖啡。

"嗯，我去拿条湿毛巾来。"他一边收集用过的湿餐巾纸，一边热情地说。

"谢谢。"

埃米莉擦完桌子，她的心思还全在汇报材料上，于是开始重新摆放物品。

那人丢完第二团湿毛巾又返回来。

"都擦干了？"

埃米莉从工作中抬头打量面前这个人。

他满头白发梳得一丝不苟，上身穿贴身衬衫，下身穿剪裁考究的牛仔裤，脚穿棕色皮鞋。他的眼神流露出真诚的笑容。

埃米莉站在那盯着他看，她觉得这样看人很奇怪，于是也笑了。

"是的，非常感谢。"

他点点头，伸出手："我是大卫。"

"大卫你好，我是埃米莉。"她伸出手握了握，"再次感谢。"

"你好，"他看着桌前摆放整齐的办公物品，"能否告诉我，正在忙什么呢？"

"我有一个重要汇报——"她看了下表，眉头微皱，慌忙地说，"在一个半小时后。请您谅解，我得回去工作了。"

"好的。"

大卫回到自己的座位，正好在埃米莉对面。

他取出平板电脑，继续阅读刚才正在看的文章。

在接下来的1个小时里，埃米莉专心致志盯着她的电脑屏幕，手指飞快地敲击着键盘。还剩下 5 分钟时,她终于完成了任务。为了确保万无一失,她还把文件存储了 3 次。她收拾好物品,放进包中,头也不回地冲了出去,没有注意到大卫自始至终都在观察她的举动。

——

"今天汇报得不错。"米切尔说。

参加会议的人都走了,埃米莉正在整理汇报材料,她仍然沉浸在急匆匆赶回公司做的精彩报告中,思维敏捷,声音洪亮,就连呼吸也比平时更加自然。她对米切尔报以微笑。

"你认为他们会接受人工智能将改变我们行业的观点吗?"

"很难说。这些年来他们做事的方法就没有变过。"

"就是。"

会议室里安静下来。埃米莉还在收拾物品,米切尔踱着步。

"嗯,我一直想知道……"埃米莉说。

"有些事情我也想……" 米切尔也开口说道。

"你先讲吧。" 埃米莉说。

"好吧。我们都知道你在为升职而努力。"

"没错。"

埃米莉已经预感到接下来要发生的事情。如果升职的事情定了,那么两个人的对话是不会以这种方式开始的。

"我很高兴上面能考虑我的事情。"

"由于你的努力,你负责的亚洲项目让所有人刮目相看,当然也包括我。坦率地说,在我看来,你是公司最优秀的员工之一。"

"谢谢,过去几个月对我来说是一个很大的挑战。"

"但是你勇敢迎接挑战并取得了胜利,"他稍做停顿,瞄了眼会议桌,然后抬头盯着埃米莉的眼睛,继续说,"然而我认为你还

1. 相 遇

没有完全准备好去做更高职位的工作。"

"什么?"她对自己的反应很吃惊,一定要冷静,她心里想。

"我们把升职的机会给了斯坦。"

斯坦?就是跟她同期开始在公司实习、最近一次客户满意度调查得分很低、开会经常迟到的斯坦?有没有搞错?

"我知道了。谢谢你告诉我。我想问,我哪方面做得不够好?"

米切尔咧嘴勉强笑了笑:"很快就轮到你了。我说的是真的。你的表现很优秀。"

"谢谢。"

"那好吧,"米切尔轻轻地敲了敲桌面,"下午2点我们团队开会,到时候见。"

"到时候见。"

埃米莉没有离开会议室,她呆坐在发言席上,肘部放在桌面,双手抱成拳头状撑着前额。然后她靠在椅子上,抬头望着天花板。

这是埃米莉第三次未被升职。她想起过去2年中获得升职的同事:詹姆斯、凯尔和斯坦。她和他们3人一起参加实习经理培训,大家同时进入公司,在同一起跑线上,只不过被分配到公司不同的部门。为什么会出现这种结果?

过去几个月她一直关注公司月度业绩表。她的团队在客户获取、客户维持、客户满意度3项指标上都远胜斯坦的团队。她的团队发布软件更新更快,程序漏洞更少,相比之下斯坦的团队发布软件更新慢,他们的代码问题多。埃米莉的直接下属一贯称赞她的领导力,尽管她对斯坦没有成见,但是她听说他的团队中有人对他不服气。在詹姆斯和凯尔的团队里也存在类似的事情。但是他们都升职了,而她没有。

上次她没有晋升,她的一个好朋友说可能因为她是女性。当时埃米莉不赞同她的看法,但是现在她有些不确定了。她宁愿相信自己的信心和才华能战胜几个世纪的偏见，但是她也不想太过天真。看来她忽视了太多的迹象。

埃米莉在这个公司工作了将近10年时间，但是现在她感觉自己处在困境中。上次错失晋升机会后，她甚至对自己进行了360度评估，请十余名团队内的同事和商业伙伴进行匿名反馈。有一些评价很刺耳——两个人说她太直来直去，不懂变通，一个人说她不能充分授权下属。虽然这些意见完全是正面的，但她不能从中找到妨碍她升职的足够有用的信息，更何况她也一直虚心接受他们的意见，积极改进自己的工作。甚至还有一名经理认为在最近的项目中，她在授权上做得很好，这使得她有太多理由认为自己一直在进步。

埃米莉注意到会议室里十把歪歪扭扭摆放着的转椅。她叹了口气，站起身把每一把椅子摆放整齐。桌子上有三个用过的咖啡杯，她把它们摆成一叠。有人把咖啡洒在桌上，有硬币大小，当她从会议室后面饮料台取回纸巾时，她停了下来。

她站在那儿，一手端着三个咖啡杯，一手拿着纸巾。从担任实习经理算起，她在这里已经工作了十年，直到今天，自己还像保洁阿姨一样在老板和同事离开后收拾会议室，像在家里照顾自己的孩子一样，她已经做得够多了。

埃米莉走到会议桌前，把咖啡杯原样放了回去，然后重新回到饮料台前，将纸巾放回盒子中。

"我要发起无声的抗争，"她小声背诵自己最喜欢的《芒果街上的小屋》一书中的句子，"简单，明确。我要像男人一样离开，不需要把椅子或者盘子放回原位。"

她轻蔑地看了一眼洒在桌子上的咖啡，随手把包甩在肩上，走出会议室。

② 你具备影响力

埃米莉站在修葺一新的咖啡馆外,精制咖啡的醇香让她不由自主走进这家名叫慢慢的咖啡馆。自从一周前在这里点了一杯咖啡,她就爱上了他们家的手冲咖啡。那天她还做了人生中很重要的一次汇报,错失了她认为非她莫属的晋升机会。她想起会议室中的谈话,肩头不由一紧。当时为什么没有直接问米切尔把升职机会给斯坦的原因?当时为什么不为自己争取一番呢?

几分钟后,埃米莉点好咖啡,上楼找了个位置坐下来。今天上午很忙,这里虽然不是她理想中的那种安静的工作场所,但她是有备而来的。她从包里取出一副耳塞,这是每次出门的必备品。她戴好耳塞,深吸一口气,放松肩膀,打开准备在下午小组会上用到的文件。她的咖啡端上来后,她微笑表示谢意,然后小心地把咖啡杯挪到座位正前方,以免洒到笔记本电脑上。

半小时很快过去。埃米莉的手表发出"嗡嗡"声,提醒她一小时后有个会议。现在时间还很充裕，而她基本上完成了手头的工作。十分钟后，她全部搞定，还有一些空余时间。她强忍住哈欠，心想或许还可以再去加一杯咖啡。

埃米莉站起来，走到一楼去添加咖啡。她嘴角上扬，说明另一个哈欠即将来临。昨天晚上她儿子半夜醒来大哭，双眼含泪，胸口一起一伏，哽咽着对她说听到"梆梆梆"的撞击声。埃米莉用了半个小时安抚儿子重新入睡，然后又用45分钟让自己睡着。早上5点30分她的闹铃响了，她感觉稍微有些痛苦。好吧，对她来说，这时候起床是痛苦的。

"需要加咖啡吗？"店员问道。埃米莉不由羡慕地看着店员深褐色短发和素颜面容。

"是的，纯咖啡，谢谢。"

"没问题。"店员走到柜台后面加满咖啡，又走过来递给埃米莉。

"谢谢。"

女店员点点头："嗯，你以前来过，是吗？看起来很面熟。"

埃米莉笑了："来过一次。我把咖啡洒得到处都是。我喜欢给人留下印象。"

"没错！这次小心点哦。"女店员也笑了。

埃米莉往座位上走，边走边喝咖啡。当她看到一双眼睛正用友好的眼神看着她时，她突然停了下来。

"你是埃米莉，对吧？"正是一周前咖啡洒出来后帮助她收拾桌子的那个人。埃米莉好一会儿才反应过来，刚才还说上次的"咖啡事故"，现在就撞见他，她想这真是奇特的巧合。但是，她提醒自己不能相信巧合。

"你的记忆力不错，"埃米莉说，"丹，是吧？"

"差点说对了，我是大卫。"他说着，站起来走到她身边伸出手。埃米莉吃惊地认识到他身高超过6英尺（约合1.82米），比自己5

英尺 5 英寸（约合 1.67 米）的身高高多了。

"大卫，"她握了握他的手，"见到你很高兴，你经常来这里吗？"

"每天，嗯，具体来说每天上午都来。我刚一退休，我妻子就告诉我要多出来走走，所以在工作日我总要找个地方消磨时间。"他指了指咖啡馆说道，"我爱上这家咖啡馆了。"

"我也越来越喜欢这里了。"

"出乎意料的是经过上次的事情，你居然又来光临了。你看起来……"

"……有心事？受打击了？遇到挫折了？"大卫笑了，"嗯，诸如此类的事情。"

"是咖啡吸引我做了回头客的。"埃米莉微笑着回应道。

他看着她的眼睛，用更加柔和的语气问道："如果你不介意，能否告诉我你遇到什么事情了吗？"

埃米莉对这一问题很意外，差点大声笑出来。她蓝色的大眼睛盯着他褐色的眼睛看了半秒钟，不知道如何回答。最后，她挥了挥手，拒绝了他的关心。"嗯，是的，一切都好。"她一点也不了解这个人，所以不准备与他分享上周在会议室发生的不愉快经历。

"好的。看来你正在忙一些重要的事情。"

"是的。但是现在忙完了。正在准备下一阶段的事情。在美国的公司上班不一直是这种工作模式吗？"

"嗯，公司。是的，我对公司的工作模式很熟。"大卫眼神不再专注，好像一下子就把埃米莉看穿了一样。她差点想问问他的背景，但是强压下自己的好奇心。

"嗯，我在一家技术公司。我想它和其他公司很像吧？"

"我赞同你的看法。我能再问你一个问题吗？"

埃米莉有些迟疑，但是好奇心更强了。"当然可以。"

"你对当前的工作满意吗？你是否认为自己正在实现人生价值？"

埃米莉难以置信地看着他，对这么直接的问题感到震惊。长时间的沉默，她没有想好如何回答。这个陌生人是谁？为何要问如此私人的问题？

当然，她知道自己需要回答这个问题，至少认为自己应该这样做。她从头到脚感到一阵挫败感——不是因为眼前这个人，而是从上个月，甚至几年来，在公司都有这种感觉。生活中开心吗？是的。工作上呢？没有，半点开心都谈不上。

她之前同她丈夫和朋友讨论过失之交臂的升职，但是没人能给出建设性的意见。事实上，她感觉他们之间的谈话说的都是车轱辘话。他们都对她表示同情，都支持她，除此之外没有什么内容。她需要知道应该怎么办。

埃米莉终于从长时间的沉思和沉默中反应过来。她意识到自己站在一家只来过两次的咖啡馆正中间，因为只是简短地见过一次面的男士的询问而思考私人问题。他正看着她，等着她的回答。是的，这是一个奇怪的场景，但是在某种程度上，这种交流并不让人感到反感。

"嗯，我……"埃米莉的手表提示音响了，她几乎就要向一位陌生人倾诉自己工作上的问题，但是现在可以摆脱这种尴尬的情绪了，"我要走了。很高兴再次见到你。"

"你是得走了，埃米莉。"

她犹豫了一会儿，想说出来，但是忍住了。她最终礼貌地笑了下，回到自己的座位上收拾东西。透过眼睛余光，她看见大卫也回到自己位置上坐下来，取出平板电脑看起来。埃米莉把所有物品放进包里，意识到自己刚才差点儿就将心里话和盘托出。她的好朋友称她是"不露声色的埃米莉"，所以她不会轻易相信一个陌生人。尽管这个外号言过其实，但是埃米莉做事还是很谨慎的，她只是不会经常表露感情或者对她不信任的人倾诉感情。

2. 你具备影响力

她准备离开咖啡馆，走到楼梯口时轻轻挥了挥手。

"再见。"大卫也挥了挥手。

"嗯，再见。"埃米莉走下楼梯时回应说。

她想，这很奇怪，非常奇怪。

她的自行车停放在咖啡馆外，她打开车锁，戴上头盔。她不由觉得大卫是她需要认识的人，尽管他莫名其妙地问了一个私人问题。他的年纪足以做她的父亲，但是他说话的方式又不像父亲那般。他们短暂的交流就像老朋友聊天一样。

埃米莉骑了半英里（约合800米）路回到公司，锁好自行车，抬头看了看这栋在里面工作了10年的建筑物。她深吸一口气，然后闭上眼睛。

今天会更好，她想，一定会的。

她睁开眼睛，不去想上午在咖啡馆里的对话，径直走进公司。

———

一周后，埃米莉恰好再次路过慢慢咖啡馆。她原本没想着进去，但是她的自行车好像不听使唤一样，停在这家她最喜欢的咖啡馆外。她看着咖啡馆开着的门，好像在静静地迎接四月寒冷的早晨。大卫在里面——她很清楚这一点。看起来她的自行车也知道这一点。她把自行车锁在停车撑上，取下头盔，准备走进去。

自从上次和大卫讨论后，她不禁反复思考他提出的问题："你是否认为自己正在实现人生价值？"答案很明显是否定的。不，她没有实现人生目标。她甚至没有实现在公司的目标。除此之外，她用多得多的时间投入产品发布，相比她的付出她得到的太少。她顾不上家人、交友和她的猫咪。她身体疲惫，没有时间锻炼，更不用说找一个把自己调整到最佳状态的心灵驿站。就拿上周来说，她一共工作82小时，还不包括晚上9点到家后上网收发电子邮件的时间。

她经历着情绪波动：生气、失望、沮丧、嫉妒、容忍，然后又开始生气。还不仅仅是升职的事——应该归咎于整个工作环境。虽然她有才华，工作努力，但是她感到无能为力。每天她的脸上都写满了这种无力感，开会时她不得不坐到后排，因为前排都被（男士们）占了；她的上司米切尔不信任她，总是直接把她的建议丢给行政管理团队了事。

她原本不是一个爱发火的人，但是最近她感觉自己快变成这样了。昨天晚上小亨利又一次半夜哭醒，她甚至对他发了脾气。她怀疑发生这种事是因为自己承受了太多。她知道，孩子只不过是想看看妈妈，想感受到母爱。而她竟然不能给予孩子这种爱。

为了克服情绪波动，埃米莉经常提醒自己要保持一颗感恩的心。拥有一份高薪且稳定的工作，难道不应该低下头并处理好自己的情绪？她内心深处甚至认为工作中难免会长期不开心。

"你在做什么？"一阵轻柔的声音打破了她的沉思。她低头看到一个小女孩正在好奇地望着她。孩子黑色的长睫毛、金色卷发和浅蓝色的女超人衬衫形成鲜明对比。小女孩站在那儿，睁大的眼睛里满是疑惑。埃米莉直到现在才发现自己一手拿着头盔，正望着咖啡馆的门出神。她笑了。

"思考。"埃米莉说。

"想什么呢？"

"格蕾丝，"小女孩的妈妈说，"别挡着路了。"

"没关系，"埃米莉说，"我在思考快乐。"她认为自己说的没错。她在消极的思绪中无法解脱，起码在这里能获得一些正能量。

小女孩笑着跑开了。妈妈在后面莞尔一笑。埃米莉也报之以微笑。

埃米莉很快点好咖啡，走到楼上找座位。她看到大卫坐在远处的角落看平板电脑，她径直走到他的座位旁。

2. 你具备影响力

"早上好,大卫。"她这次确信没有喊错他的名字。

"埃米莉!很高兴见到你。"他指了指对面的位置,"是要坐在这里吧?"

"是的,谢谢。"她回答说。并不确定自己要干什么,或者为什么自己念念不忘要同这位先生聊天。

埃米莉坐下来,店员送来她的咖啡,她双手接过捧在手中,早上骑自行车太冷,这样可以暖和一下双手。

"上次见面,我们的谈话只开了个头就停了下来,"大卫说,"介意现在重新开始吗?"

他直奔主题,埃米莉暗想。"不介意,上次很抱歉,我需要赶回公司。说实在的,那天是我特别不顺的一天。"

"为什么呢?"

"嗯,"埃米莉犹豫着,她看着咖啡然后抬头望向大卫,"最近工作一直……不顺心。"

"你之前跟我说过了。"大卫轻声回应道。他放下平板电脑,摘下时髦的方框黑边眼镜,埃米莉认为大卫戴这副眼镜是为了方便阅读的。

"是的,很难用语言来描述。"

"嗯,我们不妨这样开始:你在哪里上班?"

终于有一个对她来说容易回答的问题了。"我在能源技术公司(Enertec)上班。我们是一家可持续发展技术企业,为可再生能源设备,比如风力涡轮机和农业智能灌溉系统开发软件。你听说过工业物联网吗?"

"听说过,但不能说很了解。"

"简单地说,我们为设备安装计算机和传感器并连接到互联网,通过这种方式收集、监控数据。"

"听起来很不错。"

"是的。我喜欢我当前的工作，但是对我的上司……就不是很感冒了。"

"哦？"

埃米莉想起米切尔。他不是大恶人，确切说她没有生他的气，只是对他所在的体制感到愤怒。

"上次我见到你时，他刚刚把原本属于我的升职机会给了别人。"埃米莉迟疑了下，看着眼前这位男士继续往下讲。他的表情很和善、真诚，很像她的丈夫，只是比丈夫多了些岁月积累的智慧。她决定相信自己的直觉，把自己的事情和盘托出，或者至少说出大部分实情。"就是……感觉自己很努力，勤勤恳恳，但是无论我和团队怎样努力工作，也得不到认可。问题就在这里。"

大卫点点头表示理解。"很遗憾。我也经历过这种事情，既错失过自己的升职机会，又作为上司对下属做过同样的事情。这些都不容易。"

"确实不容易。"

"是否需要我给出建议？"

她想，聊一聊对我有什么坏处呢？最糟糕的情形无非是聊到后来让她很尴尬，那样的话以后大不了不来这家咖啡馆，也就不会遇见大卫了。当然最好的情形是他的建议很有价值，确实能帮到自己。

"当然。"她回答道。

大卫把他的空咖啡杯挪到桌边，双肘撑在橡木桌面，两手握在一起。他坐直身子，目光更加犀利。埃米莉不禁把他想象成一位企业领导，正坐在行政会议室里，面对 25 名高管就公司发展战略发表演讲。

"我听你说感觉自己在公司不受重视或者没有影响力，"他说，"根据我的经验，有这种感觉的人通常感到郁闷、迷茫，与周围环境格格不入。企业文化、领导力或者别的东西导致他们认为无法成

2. 你具备影响力

为最好的自己。"

埃米莉对大卫的话赞叹不已。她有点不敢相信,感觉他描述的就是自己在能源技术公司的处境。但是一位女性,在男性占主导地位的环境中,因为她无法左右的偏见而失去升职机会,埃米莉还是有些不确定大卫是否真的理解这意味着什么。虽然她头脑中闪现出这些念头,但是她很快把它们抛到脑后。她决定不让两人的聊天笼罩在自己的失望情绪中。

大卫继续解释说在工作中觉得自己是有影响力的人,会感觉自己受到认可,能充分融入团队。他们会走向第二或者第三阶段,而且保持前行,像螺旋上升一样越来越好。

"你用到的'影响力'一词与我之前听到的含义不一样,"埃米莉说,"我通常听到这个词时指的是名人或者政治人物。你怎么定义这个词?"

"这个词有很多种定义,但是我最喜欢的是'对某人或者某物产生作用的能力或者权力'。"

"那正是我想拥有的。有影响力,在工作中会感觉到有种力量。"

"假如你在任何情况下都有影响力会怎么样呢?假如你在工作中一直觉得自己有影响力会怎么样呢?"

"听起来很好,但是不现实。就我当前处境而言,绝不可能发生这种事。"

"事实上,即使是在能源技术公司,也不是没有可能性。"

埃米莉眉尖上扬,"怎么才能做到?"

"为了说明如何做到,首先要知道影响力分为三种类型。介意我展开来说吗?"

"请讲。"埃米莉端坐身体,仔细倾听。

大卫开始讲解第一种影响力,即一个人完全能够掌控形势,在某一领域中没有其他人能阻止他(她)实施影响力。如果他(她)

不能施加影响力，只能从自己而不是从他人那里找原因。

"比如说呢？"埃米莉问。

"嗯，你是否认为自己能 100% 决定早晨什么时间起床？"大卫说。

埃米莉笑了。"如果我的儿子亨利让我多睡一会儿的话。"

"很好。我记得那些年我也跟你一样。但是无论你有多疲倦，你依然能决定是睡个懒觉还是早点起床。不是吗？"埃米莉点点头。

大卫继续说："在你工作中，哪些地方让你有 100% 决定的可能性？"

埃米莉沉默了。她想了几秒钟。"坦率地说，我不知道。我总是被打断，项目被更改——我感觉我受高层管理者的支配，而他们不清楚我们团队的情况。"

"那如果让你有自由支配的时间呢？"大卫问。

"那当然好啊。"

"如果我说即使作为运营一家跨国公司的 CEO（首席执行官），我也能在每天早上抽出 4 个小时的自由支配时间，你怎么看？"

"4 个小时？"埃米莉重复了一遍。她望着面前这位跨国公司前 CEO，很难相信他说的每天还能抽出 4 小时的自由支配时间。很明显，这是一位需要好好请教的人。

"我喜欢这样。"

大卫解释说他早年工作时，他的书架上有一套盒式磁带，他准备用几个月时间听完。恰好这套磁带讲的是时间管理。一天，一位朋友对他说她已经听完整套磁带，觉得收获真是太大了——她的时间管理被改变了。当天晚上，大卫决定不再依靠任何人为他节省时间以便听磁带，他要自己找时间。第二天早晨，他比上班规定时间早到 1 个小时，听磁带并做笔记。很快，他早到 2 个小时，其中一部分时间用来听磁带，另外的时间充电学习和思考。在那家公司的最后一段时间里，他每天早上 6 点到办公室，这样在 10 点之前都是自由支配时间。很多天他甚至在下午 4 点就下班了，这样就有时间陪孩子锻炼或者做游戏了。

"我每天有 4 个小时可以集中精力做自己想做的事情，"大卫说，"我得到升职并为公司作出更多贡献，因为我可以更多地从战略上思考和作出规划。"

"你的上司和团队有什么反应？"埃米莉问，"严格来说，你投入比'钟表上'更少的时间，但是总体上却得到更多的工作时间。"

"是的，差不多是这样。我把一部分自由支配时间用于个人学习，当然也会花时间思考战略发展，写东西以及不被打扰地完成与职务相关的任务。后来我担任 CEO，原则上我只对股东和董事会负责，但是我认为团队的看法更重要。他们很快认识到我专注时间的好处。我可以做更多事情，效率更高，开会时能全身心投入，因为我不用分心去考虑必须在下班前完成的 6 件事情上。"

"我从来没有那样想过。但是，哇哦，4 个小时？我认为我做不到。"

"不一定需要 4 个小时。你能抽出 15 分钟的自由支配时间吗？"

"我非常确定我能抽出 30 分钟。我想我以后要提前半小时去上班。"

"很好，但关键是，你要让周围人知道这半小时是你的时间，我就是这样告知我的助理和团队其他人的。他们知道只要不是火上房，就不能打扰我。相信我说的，很快人们就发现你到办公室很早。你还需要让大家明白这段时间属于你，而你不希望被占用。这也意味着你需要告知你的上司。"

埃米莉长出一口气。"好的，我能做到。"

"这是第一种影响力：控制。直到有一天，你能感觉到你有影响力。"

"太棒了。你说有三种类型,是吗?"她身体又向前靠了靠。

大卫轻声笑了。"是的。第二种影响力是合作。你要考虑的是,如何同与你有共同需求的人合作。你们公司是否有和你一样都在追求某种东西的人?"

埃米莉想了想,然后不好意思地笑了。"嗯,我们都想升职。"

大卫摇了摇头,笑着说:"OK,我换一种方式问这个问题。你们公司是否存在每个人都想更多拥有但是实际上却缺少的东西?"

埃米莉表情凝重,陷入思考。她想起上次开会,参会的有跟她一样的团队管理者。会议大多数时间里,米切尔都在谈论最近一次客户满意度调查中的负面反馈,散会时每个人都带着懊恼和沮丧离开。"你知道,缺少的一样东西是鼓励。不出问题大家习以为常,出了问题所有人都受批评。我们不为成功庆祝。我想很多人都喜欢得到更多正面的鼓励。"

"你想怎么做呢?"

"我想,说实话,除了成为公司的啦啦队员,我不知道还有其他什么办法。"

大卫轻轻摆了摆头,好像是质问她:"还没有想法?"

埃米莉惊奇地发现他这么快就丢掉了初识不久的礼貌。他很和气但是坦率,交流很自然,也很轻松。

"通过合作获得影响力,"她边想边说,"我知道一些同事也想得到更多鼓励。或许我们能在一起想想如何在公司营造一种庆祝成功的氛围。"

"这是不错的切入点,"大卫说,"我喜欢把这种合作称为'善意的共谋'。"

"我赞同。"埃米莉说着打开手机上的记事本,写入"善意的共谋"几个字。她抬头看着大卫,眼神明亮。"我可以每月组织一次午餐会,为工作出色的同事庆祝——也许可以用意外惊喜的方式对他们提出表扬。而且也不仅限于我的团队，我希望把这种快乐精神传递到整个公司。"

"计划很不错，到时候能告诉我实施情况吗？"

"没问题。"

"我很期待。"大卫边说边把咖啡杯从桌边拿回来，"对不起，我去加些咖啡。你还需要什么吗？"埃米莉摇摇头表示不需要。

大卫穿过房间走下楼梯，埃米莉看了下手表，离上班时间还有半小时。就在这时，她发现一张蓝色卡片——在大卫的平板电脑旁放着一张借记卡。埃米莉伸长脖子看到卡上的名字：大卫·福特。埃米莉很快坐直身子，暗自责备不应该窥探别人的秘密。但是她很快释然，毕竟聊了一上午，难道不应该知道对方姓甚名谁？她听到大卫在楼下同店员聊了几句，几分钟后，他回到座位上。

他刚坐下，埃米莉就继续请教："你说过还有第三种影响力？"

"哦，是的，"大卫说着，喝了一口新加的咖啡，"遗憾的是，你将从第三个类型中感受到最少的影响力。我们讨论过控制领域和合作领域，现在要说的是关注领域。"

"关注？"埃米莉眉头紧蹙，思考这个词的内涵，"和前两种一样，这也是影响力相关的领域？"

大卫笑了："不是，但是我喜欢你的说法。关注就是你担心公司内或者公司外将要发生的事情，但是你不知道如何影响它。你将来或许能影响它，但是今天你无能为力。"

"嗯，比如说呢？"

"你有没有在某件事情上投入了精力——让你忧心忡忡或者分心，但是现在却找不到一种能影响它的方法。"

埃米莉思考时两人都没说话，但是附近座位上的客人在聊天，咖啡馆里有嗡嗡声。是什么偷走了她工作上的注意力？什么让她忧虑或者分心？

"我想起一件事，"她终于说话了，"曾经有小道消息说我们公司可能被其他公司收购，我所有的方案可能都会因之搁浅。我们将迎来一批陌生的领导者。从他们以往的收购案例看，我最后有可能失业。真的是……"埃米莉看着天花板深吸一口气，然后呼出来并看向大卫，"我很担心。我不是很确定公司是否会被收购，因为现在只是谣传，但是我对此很紧张。"

"这个例子很好地说明了关注。还有其他例子吗？"

埃米莉想了一会儿说："想不出来了。"

"你对当前美国政治有什么看法？"

"不想说这个话题，"埃米莉回答道，"乱糟糟的，国家都成什么样了——"

"埃米莉，关注，"大卫打断她的话，埃米莉很意外，但是兴致勃勃，"这是另一个关于关注的很典型的例子。在这里即使你有影响力，也是看不见的。它是你觉得无法掌控的东西。"

"那么它如何形成影响领域呢？"

"嗯，经过一段时间你将获得影响力。至少从与你有关的事物中得到影响力，例如你的公司和公司并购中。"

"怎么才能做到？"

"没有直接简单的方法，但是我知道当你集中精力提高某一领域的影响力时，通常会消减其他领域的影响力。可以把三种领域——控制、合作、关注分别看作是一个圆圈，"大卫边说边用右手食指在桌面上画了3个圆圈，"当一个圆圈变大，其他圆圈变小。我知道有些人致力于扩大控制圆圈，他们的关注圆圈就会缩小相应比例。他们其实没有攻击关注圆圈，只是关注圆圈不再偷取他们的能量。当你专注于控制圆圈时，特别是控制起作用时，你也有更多空间思考合作领域的影响力。有意思的是，当控制和合作增强时，你将会发现那些原来看不见的关注领域的影响力。"

2. 你具备影响力

埃米莉静静地坐在那里，回味着大卫刚才说的话。她没用圆圈，而是想象出三个连接在一起的气球。让一个气球变大，需要从另外的气球中抽出空气。因此当控制和合作气球增大，关注气球将缩小。如果她的关注点是自由支配时间和善意共谋，那就几乎没有时间为公司并购而烦恼。

"我想我理解你的意思了。当我关注控制领域时，比如时间，我将有机会思考得更多，而且更有策略性和思想性。我可以创造性思考如何通过合作，通过自己的努力做好合作来施加影响。在控制和合作上付出我的时间和精力，我将不再担心我无法控制的事物，也就是关注领域。"

"你说得很对，"大卫说，"一旦你在其他领域构建了影响力，你或许会发现你确实对并购产生影响力。事实上不可能永远消除关注领域，但是可以让它变小，因为你可以把你担忧的事物转移到合作或者控制领域。"

"有意思。我再琢磨琢磨。顺便问一下，你是从哪里了解到这些的？"

"嗯，我第一次是在史蒂芬·柯维的《高效能人士的七个习惯》中读到的。这是第一个习惯，叫作'有前瞻性'，说的全是关于如何掌控自己的未来。作者在书中谈论影响圆圈和关注圆圈。根据我数十年做企业管理的经验，我开始注意到影响力的细微差异，所以在作者观点的基础上提出影响力的三个领域：控制、合作和关注。顺便提一下，这本书很适合你阅读。"

埃米莉已经在手机上记下那本书的名字，说道："我会读的。"

大卫不再像开会一样正襟危坐，他把后背靠在椅子上："但是要注意，这些都只是概念。我和我的一些朋友觉得有用，但是不确定是否对你同样起作用。"

"任何事情我都会尝试的，"埃米莉说，"控制、合作和关注。

早到半小时，围绕鼓励开始善意的共谋。"

"听起来还不错吧。"大卫说道，眼神中闪出笑意。

"没错，"埃米莉赞同地说，"嗯，我得走了，工作时间到了，期待再次见面。"

"我一直在这里。"

埃米莉站起来，把包挎到肩上准备离开。然后她转过身走回来说，"嗨，谢谢你。我们素不相识，但是你陪我聊了一上午。"

"我退休了，不是吗？我上午还有另外3个小时呢。"他笑着回应道，"但是不用谢。"

———

当天晚上晚些时候，埃米莉的儿子上床睡了，丈夫去车库修理自行车，她坐在起居室的沙发上，打开电脑，旁边放着一杯红酒，她的猫咪走过来跳到沙发垫子上，依偎在她的大腿旁。

她打开Google，键入"David Ford Boise CEO"几个关键词，立马跳出近900万条搜索结果，她意识到要花上点时间才能找到有关他的信息。她试着回忆谈话内容并挑出不同词语组合在一起搜索，但是也没有用。她看了一眼电脑上显示的时间，决定再用10分钟进行搜索，然后上床休息。

埃米莉最终发现了一篇文章，题目是"大卫·福特，CEO，用骄傲和毅力运营跨国制造企业"，文中还附有大卫年轻时的照片。文章上方的日期显示它发表于14年前。

在一幅照片中，他站在二楼平台上俯视整个制造工厂，表情认真、专注，手臂靠在栏杆上。在另一幅照片中，他正在讲台上发表演讲，会议室里围坐着数百人，镜头中还出现了部分听众的后脑勺，大卫的右手指向空中，好像正在强调着什么。她继续往下浏览，看到他坐在一张宽大的红木桌前,手中拿笔正在签一份文件。身后站着两个人,正看向他签的文件。最后她还看到一幅特写,照片中他嘴角微扬,看着镜头微笑。

埃米莉被这篇文章吸引住了。它详细描述了大卫如何管理公司以及对公司的重要性,同时引述雇员和管理层的话。文章提到,他一度管理着来自15个国家的5000余名员工。他几乎被刻画成超人。埃米莉看到有些夸大其词的描写几乎笑出来,她不禁想这是不是大卫最忠实的粉丝写的文章。比如这句话:"大卫走进来,房间瞬间鸦雀无声,大家屏住呼吸,等待倾听大卫的训话。"

埃米莉看完文章,试图把咖啡馆里的大卫和担任CEO时大卫的形象联系起来。她想起他犀利的眼神,以及当天上午他分享的岁月累积下来的知识。然而,两个大卫的形象看起来毫不相关。在大多数情况下,大卫可能只是任何一位坐在咖啡馆里的谦逊的老年绅士,如果不是那天她的咖啡洒了,她可能永远不会知道他的成功经历。

当然这篇文章读来还是令人欣慰的,因为它印证了第一次聊天他留给自己的印象:他睿智的谈吐和风度促使她愿意更深入地了解他。大卫从事制造行业,因此她怀疑他们究竟有多少共同点。他在男人的世界做着男人的工作,而她在技术领域,每天都默默地为了女权而斗争。她通过文章和照片认识到他在领导一群男人,而在照片中没有找到任何一位女士。她不确定他是否完全理解女性在工作中做什么。

埃米莉合上笔记本电脑,静静地坐在沙发上,长时间陷入沉思。车库门开了,响声把她拉回现实。她丈夫穿过厨房回到起居室。

"你还好吧?"杰森问道,"还在想关于晋升的事?"

"你知道吗?这是这段时间以来第一次不再想那事了。"

"很高兴你能这样说。今天好一些吧?"

"有点吧。你还记得今天上午与我一起喝咖啡的那个人吗?我之前跟你说过。"

"大卫，是吧？"

她点点头，拍了拍电脑。"我刚才读了一篇关于他的很有意思的报道。这篇文章讲他担任一家总部位于博伊西的公司的 CEO 时发挥的作用。"

"是吗？能把文章发给我看看吗？"

"没问题。"埃米莉打着哈欠，把笔记本电脑放在沙发垫上，伸出双臂，搭到沙发的后面。猫咪抬起头斜着眼看了她一眼又躺下。埃米莉站起来走向厨房，猫咪从沙发上跳下来，穿过屋子寻找睡觉的地方。

杰森在埃米莉到达厨房前赶过去，给她一个拥抱。他们抱在一起，过了一会儿才分开。"谢谢你的拥抱。"

他亲了亲她的额头。"时间不早了。"

她又打了个哈欠。"但愿亨利能让我们睡个踏实觉。"

"不太可能。"

"我知道。"夫妻二人轻轻走过亨利的房间上了楼，埃米莉看着亨利房间的门，祈愿她的孩子整个晚上都能安睡，但是又暗自希望孩子醒来时依偎在自己怀中。一段时间过后，她在黑暗中醒来，睁大眼睛，摇了摇头，对身为母亲和身为职场女性的矛盾感到惊叹。

很快，她裹紧被子，睡着了。

3

我应该关注什么?

埃米莉把包放在办公室,看下手表,8点整。她通常每天8点半到岗,这是第一次在上午留出自由支配时间。

她从包中取出一本日志和一本书放在办公桌上,走到窗边打开百叶窗,然后回到座位上。上午她将用15分钟看杂志,15分钟读书。她买了一本新的日志,以及《高效能人士的七个习惯》这本书。

埃米莉盯着它们看了很长时间,她终于有机会坐在安静的办公室里做除了工作或者付账单以外的事情。亨利小时候,她曾经试着写日志,希望能记录他成长中的点滴生活。但是那是一次彻底失败的尝试,她连冲个澡都要分秒必争,更不用说有空余时间记录儿子是如何聪明可爱的了。

思绪回到眼前,她把书放到一边,打开日志本。今天,她要回答见到大卫后一直困扰她的问题:我是否认为自己正在实现人生价值?看到日志本上的空白页,她意识到需要笔,于是从包里拿出一支。

她在第一页顶部标上日期，把问题写在页眉处，然后提笔开始写起来。

  这个问题的答案不是一两句话就能说得清的。工作上吗？没有。这是显而易见的。我在本职工作上很成功，但是不知道还要多长时间停滞不前。很明显这对我的发展，无论是作为个人，还是在公司内，都是不利的。

  作为母亲，我感觉五味杂陈。我尽全力付出，但生活对一名母亲的要求远比我想象的高。我很幸运拥有杰森，他承担了很多照顾孩子的任务，尽管他本人还是一名日程排得很满的理财规划师。我现在也做了大部分家务活，但是家中从没有我希望的那样干净整洁。最糟糕的是，我经常把工作上的压力带回家，而且我发现自己表面上强装镇静、快乐，但是内心因为任务截止日期或者工作中出现的问题而烦恼。同时，我心想如果公司都不在乎我，我为什么要在乎工作呢？

  但是我明白了一些事情。对于工作我能控制一件事：我自己。不仅仅是真正把工作做好或者高效率地管理团队，这两样我已经做得很好了，而且还要把我自己管理好。我要完全掌控我自己，这是上升到自由高度的认识。

  但是，怎么看待升职？会有那一天吗？我能否因为努力工作而被认可？在公司一名女性会不会像男性一样得到晋升？我是否具备通向成功之路的条件？

埃米莉停下笔，抬头看看手表，8点27分。她写得入迷，没时间看书。她心想明天再看书吧。

这时候，她发现米切尔到公司了。一看到他让她想起大卫的建议——她要告知周围同事她新的自由支配时间。她给他留15分钟收拾时间，在等待中顺便查看邮件，然后走到不远处米切尔的办公室。

米切尔办公室门开着，她敲了敲。"米切尔？"

"早上好。"米切尔正在打字，但是停下来，手还放在键盘上。

"有时间吗？"

"当然。有事吗？"

"嗯，我实施了一项新的计划，严格来说是今天早上开始的，我想和你谈一谈。"

"好的。需要专门安排时间吗？"

"不，不。我只是想尽快跟你说一声。"她走进来站在他的办公桌前，"我认识到自己之前没有足够时间进行自我提高和思考。我到了公司就全身心投入工作，回复邮件，召开会议——从早上一坐到办公室就像开足马力一样。"

"听起来很熟悉。"他眉头紧锁，埃米莉担心他可能误解自己的话了。

"我喜欢这样，这种工作状态是好的。但是我发现如果想进步，我需要为自己争取时间，否则找不到个人发展空间。"

"你说这话什么意思？"

"嗯，你可能会注意到我每周会有几天来得早一些，或者每天都早到，这样就能创造出空间。"

米切尔脸色一缓。"很好，我们当然可以利用在这里的额外时间。"

埃米莉顿了顿，想起大卫的提醒。"我想说明的是——我为个人发展和战略性思考寻求空间。我挤出的是自由支配时间。所以要把我看作既在这里，又不在这里。"

米切尔又眉头一皱。他盯着埃米莉，好像在品味她的话。"既在这里又不在这里？"

"既在这里又不在这里。"

"那你准备做什么呢？"

"要根据当天具体情况。今天,我写东西。明天,我读书。某些天我可能参加线上培训,某些天我可能在为团队制定季度战略规划。"

他点点头,脸上露出不易察觉的笑容。"你的想法让我印象深刻。"

真的吗?她心想。"谢谢。我也觉得不错。10点整我们团队开会,那待会儿见?"

"到时候见。"

埃米莉笑容满面地回到办公室。她刚刚影响了她的上司,至少在理论上是的。真正的考验是接下来几周的自由支配时间。当然,大卫还会传授给我一些知识的。

―――

在慢慢咖啡馆里,埃米莉正在柜台排队,她踮脚看了看,希望能看见大卫,但是没法透过墙看到楼上的桌子。今天上午的队伍很长,每位点餐的人似乎都迷上了慢咖啡的概念。她明白,手冲咖啡口感更好。今天是周五,人们似乎已经在享受周末时光了。但是点咖啡的平均时间接近3分钟(她没有对此或者对其他任何事情计时),在她前面还有6个人。她想,或许应该加快速度。请快一点吧。

埃米莉排队等待时回想过去2周发生的事情。这是一段时期以来工作上最棒的2周,尽管上周亨利患了肠胃感冒。她想起杰森,不禁笑了。丈夫上周拿出一半时间陪伴亨利,带他去看医生,确保生活大体上没有乱套。

她开始新日程的那周正好遇上周三亨利生病,所以只在周一和周二她留出了半小时的自由支配时间,周四和周五上午需要和杰森一起照顾孩子,就不可能提前上班。但这一周,她四天都做到了提前到岗。今天是"逃课日",所以她来到咖啡馆,希望能见到大卫。虽然没有完美地做完大卫布置的"作业",但是她依然感觉不错。

事情正在发生变化。

埃米莉知道快轮到自己点餐了。她把点好的订单放在柜台上，急匆匆上楼找大卫。果不其然，他坐在老位置上看平板电脑，面前托盘中的点心还没动，左手边放着一份报纸。

"早上好，大卫。"埃米莉小心地打招呼，以免惊动他。

"早上好！一直期待见到你。"大卫站起来，笑容满面地回应道，"说实话，两周来我一直想着再次遇见你呢。"

"我来这里找你，想告诉你我做的功课。另外，感觉你头脑中关于领导力和影响力的内容太丰富了，你能连续讲10个小时，上次只是有所保留地谈了一些浅层次的东西。"

大卫笑了。"我只知道我一辈子都在学习和实践。"

"没错。"她停顿一下，接着说，"所以，我们能开始今天的课程吗？"

大卫放下平板电脑。"只要你答应也教我知识。我还有很多东西要学。"

"成交。"

在大卫要求下，埃米莉向他讲述了两人上次聊天后2周来发生的事情：孩子生病，同上司谈话，新的自由支配时间。

"听起来这两周做了很多事情。善意的共谋进行得怎么样了？"

"哦，那个正在筹备中。"

埃米莉说他们已经确定举行第一次庆祝午餐会的时间。上次同大卫交谈后不久，她花了几天时间成立了一个包括自己在内的5人委员会。她甚至去米切尔那儿申请了每月200美元的资金，作为午餐和礼品费用。她知道尽管钱不多，但数额多少不是关键。这笔资金刚好够为2名受表彰的同事每人赠送一张价值25美元的礼品卡，同时大家还可以每月外出享用一顿比萨午餐。

"我们规定了提名程序和跟踪电子表格以及其他一切必要内

容。"埃米莉说,"能送出第一份卡片我们都很激动。最值得期待的是什么?我们委员会是匿名的,现在除了委员会成员和我上司之外,没有人知道它的存在。我认为这一点更有意思,这样大家关注的就不是委员会,而是我们要表扬的人。"

大卫的表情从一开始的好奇到感兴趣再到佩服。"你的确把我的建议上升到更高的层次。做得好。"

"谢谢。挺有趣的。"她惊奇地睁大眼睛,"哇哦,'有趣',我从没有想过用这个词形容工作。"

"美妙的转变,不是吗?"

"是的。"埃米莉稍微停顿了一会儿,然后接着说,"对了,说实在的,按照你的建议去做需要花费很大工夫。提前上班意味着要早点休息。杰森和我晚上的时间非常有限,以至于我不确定是否能够,或者希望放弃晚上这段时间。并且我感觉每天早上提前30分钟很费劲,我不知道是否能做得到。"

"有没有觉得这样做很值得?"

"我还不十分确定,但是我想是值得的。我发现提前去公司的那些天能够更早地下班,这样我会有更多的时间陪伴家人。我以清晰的工作思路开始新的一天,所以更有效率。并且我会利用早到的半小时去做需要全神贯注、不被打扰才能完成的任务。"

"我想假以时日,你将发现这样做的好处更多。"

"希望如此。10天中我只有6天做到了。第一周的时候我儿子亨利生病了,所以很难挤出更多时间。"

"关键是掌控你能完全支配的东西。当你有了孩子,你不能100%掌控所有事物。"

"当然,我认为我是把亨利作为借口。"

"什么意思?"

"我太习惯于把抚养孩子作为我疲倦、有压力或者其他任何负面事物的原因。我实际上比自己认为的更有控制力。"埃米莉盯着自己双手看了几秒钟，然后看着大卫的眼睛，"总体来说，我已经找到敌人了，这个敌人就是我自己。没有人阻止我拥有影响力，我从来都可以得到它。"

大卫咯咯地笑了。"听起来就像我在你这个年纪时说过的话。"

"是吗？"

"是的。我有没有说过我有 5 个孩子。"

埃米莉吃惊地张着嘴，目不转睛地看着他。5 个孩子？

"我想你觉得很意外吧？"

埃米莉点点头。"难以置信。"

"我理解在工作和养育孩子中间保持平衡有多么困难。"

"的确是的。"

"现在谈谈隐形的影响力，也就是关注领域吧。"

埃米莉表示自己已经不再像之前那样关注公司并购了，但是一切还是老样子。"我把大部分精力放在控制和合作上，因此注意力从潜在的并购中转移走了。但是在其他方面我依然感觉无能为力。"

"哪些方面？"

"我只是希望领导能以更诚实的方式对待我。"

"为什么这么说？"

埃米莉盯着桌子，然后抬起头。"一件小事情。昨天，我的上司米切尔正在开会时把我叫进会场。当时会场里面没有空椅子，所以我一直站在那里，那种感觉……说不清楚，感觉自己无足轻重。前些天，我听说他邀请办公室里除我之外的所有人下班后去喝酒。我就是不明白，我可以去的，我想你明白我的意思。"

大卫思考了一会儿。"你认为他是有意不邀请你吗？"

"我认为不是的，但事实就是这样。不过要是将来有一天我提起来，我怀疑他甚至不记得有这回事。"

"你说希望领导更诚实地对待你。我来问你：什么是诚实？"

埃米莉正要说话，大卫接着说："多想一会儿。我出去下。"

埃米莉看着大卫向着咖啡馆后面洗手间的位置走去。她边思考问题边在椅子上活动活动身体。她四处望了望，目光所及之处，好像都有一位20多岁的人在电脑前工作。他们穿着都比自己时尚，只有两个人没有戴头戴式耳机。埃米莉一直看不惯这种样式的耳机，她想起自己的耳塞式耳机还安稳地躺在包里。她的音乐是安静的。

埃米莉看到他们的手指在键盘上上下飞舞，不知道这些小孩是在工作还是在玩社交软件。她自己才30岁，一想到把眼前这些20多岁的年轻人当作小孩子，她在心底笑了。

嗯，已经身为人母，她想这种身份会让人变老，不是吗？

她自己20多岁时几乎都在工作，不怎么出去玩——全力在职场打拼以实现升职的大目标。她错过了真实的大学经历，当时朋友们去参加派对或者约会，而她在完成实习后就开始全职工作，修的学分几乎是别人的两倍。后来她成功进入能源技术公司，她认为付出就有回报。但是现在她不是很确定了。是的，她开始从工作中寻找乐趣，但是还不够。她感觉迷茫，然而，因为遇到大卫，因为随后作出的改变，她找到了希望。

大卫回来了，她又活动下身体，意识到刚才压根儿就没有思考他的问题。

"嗯？"他问道，"对诚实有什么看法？"

"我刚才有些走神，"埃米莉承认道，"不过在我看来，诚实就是坦率、合乎道德，不搞两面派。"

"说得不错，我能补充些我的看法吗？"

埃米莉点点头："请讲。"

大卫拿过平板电脑，打开浏览器，在搜索栏键入几个词语。她看着他浏览屏幕。最后，他选定一幅图片，然后把屏幕转过来，这样埃米莉也能看到他查找的东西。

她惊奇地看到一幅人体解剖图，图中画着复杂的神经网络，通过脊椎连接到大脑。在图片的下方写着"神经系统"。

"在人体内部，神经系统的诚实指的是所有神经单元相配合，协调工作，"大卫说，"当所有部分恰当互动——神经细胞、脊椎和大脑协调一致地发出和接收信号——的总体效果要好于各部分之和。假如它们不能在一起工作，将会出现大问题。"大卫把平板电脑放在桌子上，看着埃米莉，"能否看出这对你的工作，对如何与你上司相处有什么启示吗？"

埃米莉看着屏幕，想把它与大卫的话联系起来。"坦率地说，没看出来。我理解你所讲的，也有道理，但是相比我给的定义，看不出来能应用上。"

"没关系。我们来看一个团队——一个团队由数位成员组成，有一个需要实现的目标或者愿景。团队成功与否通常取决于成员之间的关系，而不仅仅取决于成员个人的能力。所以在某种程度上，如何让你的团队运行，可以用健康的神经系统来比喻。"他把平板电脑向身边挪了挪，按了下按键关掉屏幕，"顺便问一句，你自己带领一个团队。你是否认为团队成员齐心协力工作，小组整体能力是不是大于各位成员能力之和？"

埃米莉点点头。"是的。你的解释很有道理。我现在知道如何把它运用到工作中了。"

"很好。"他指向埃米莉的手表，"你到时间了吗？"

"我15分钟后赶过去。"

"好的。考虑到这一点，我想更多地谈一谈影响力。"

"太好了。"

"我们从控制什么，怎么合作，关注什么的角度讨论了影响力。当然关注是离我们最远、通常是看不见的。但是我想说的是，什么是领导者,领导者就是一个有影响力的人。"

"嗯,我仅仅从自己参加的职业小组的角度谈论领导力。"大卫听得很认真,埃米莉继续说道,"我同你讲过吗?那是一个职业女性小组,每个月见一次,讨论领导力的一个方面。我们一起进步。在上次聚会上,我们一起阅读《卓有成效的管理者》。皮特·德鲁克在书中说:'关于领导者,唯一确定的是,领导者是那些有一批追随者的人。'"

"这个小组听起来很不错,我也是德鲁克的忠实粉丝,不过我认为这个定义相当狭隘。"大卫说。

太直白了,埃米莉心想:"你的意思是……?"

"嗯,事实上我认为,关于领导者或许应该有一个更广义、更有启示意义的定义——领导者是有影响力的人,是知道如何在影响力的三个领域合理工作的人。"

埃米莉已经打开手机上的记事本并记录大卫的话。她看向大卫:"能否再重复下你刚才的定义。"

"领导者是有影响力的人,是知道如何在影响力的三个领域合理工作的人。"

埃米莉停止打字:"在控制、合作和关注三个领域吗?"

"没错。"

"好的,挺有意思。所以,一名领导者可以是任何人,不仅仅是那些有主席、副总裁等头衔的人。"

"当然。事实上,我敢肯定你们公司有这样的人,他们虽然没有领导职务但是很有影响力。"

埃米莉想了一会儿,头脑中很快想起一个人。"凯伦,我上司的行政助理。事实上她在管理我们部门。"

"很典型的例子。为什么会这样?究竟什么东西让她有如此大的影响力?"

3. 我应该关注什么？

"嗯，她能解决问题。如果我需要什么，我几乎总是首先找到她，因为我知道她会帮助我。另外，她很和善，对我很客气。我希望她快乐，也设法让她保持快乐。"埃米莉笑着说。

"这一点很重要。你无疑希望像凯伦这样的人快乐。听起来你好像把她当作非正式的领导，对不对？"

"我想是的。如果领导者是有影响力的人，那么不得不说她就是领导者。我能想到公司还有一些人也应该是非正式领导者。"

"最好下次见面时我们再讨论这个问题。"

这时候，埃米莉稍稍坐直身体。她的手心开始冒汗，心跳有点加快。自从上次见面后她一直想问大卫一些事情。

"或许我们可以在领导力的语境中讨论关于诚实的更广义的定义，"他继续说道，"事实上，这个定义有三个维度。"

"又是'三个'维度？"

"没错。或许这是我能与你分享的最重要的概念，领导力的三个维度。"

"三个维度。"埃米莉重复了一遍，不再说话，试着平复刚才有些急促的呼吸。她渴望跟大卫学习知识，使自己得以提高和进步，但是在多大程度上能确保还有下一次见面机会？他究竟是也像自己一样对两人的聊天感兴趣，还仅仅是出于礼貌？或许她已经打扰他太多时间了。

"对了……"她深吸一口气，想开口又停了下来。她真的想问这个问题吗，他已经如此慷慨地教给她这么多了。

"是这样，我一直记着我们的聊天。我想知道你是否愿意经常见面并继续传授你的知识和经验？"埃米莉看着桌子，然后抬头看着大卫的眼睛，"我感觉到目前为止，你知道的可能比你告诉我的还多。"她停了下，思索合适的词语，"但是我又不愿意过多打扰或者打断你平静的上午时光，所以如果……"

大卫举手示意:"我愿意。"

"真的吗?"

"是的。而且我也确定能从你身上学到东西。"

埃米莉怀疑自己能教什么东西,但是当她快速瞄了一眼手表时,她收回思绪。

"我得走了。现在是不是就确定下日期?"

大卫点点头,埃米莉打开手机上的日历:"下周六怎么样?"

"周六我一般不过来,不过我确定我妻子不会介意的。"

"哦,不。定一个对你来说更方便的日期吧。"

"下周六就很好。"

"真的吗?"

"9点整怎么样?"

"没问题。"埃米莉站起来,把包挎在肩上,看着大卫的眼睛说道,"谢谢你,大卫,这对我很重要。"

"对我也一样。"

说完再见后,埃米莉穿过咖啡馆走出门外。她开自行车锁时还在回味刚才的谈话。她看到了希望,仿佛即将发生重要的事情。她开始规划人生道路,这还是第一次,她希望找到限制职业发展的障碍并克服它。她唯一的解决方法是最终得到晋升,但是更大的头衔和更多的责任已经不再重要。自由支配时间,善意的共谋,不再担忧公司并购都是很好的开始,而且她知道大卫还可以教给她更多。有什么不同呢?她有些纳闷,我身上有什么变化呢?

然后她突然醒悟:我一直在路上,但是我从来没有目的地。

当她扣头盔扣带时,她想好了庆祝委员会首先应该表扬的人选:凯伦。埃米莉在骑车去公司的路上,还在想着要在凯伦的卡片上写上什么话——当然是匿名的。之前委员会开会时已经列出了一份名单,名单上的人都是做实事的,而且作出了有目共睹的成绩。仅仅同大卫谈过一次话就改变了她对"做实事"和"有目共睹的成绩"的认识。现在，他们不仅要寻找那些成功开发新产品或者签下大合同的人，而且还要寻找那些以并不引人关注的方式作出贡献的人。公司里面平凡的英雄，保持公司平稳运行的人，让她的工作更轻松的人，像凯伦一样的人。

几分钟后，她来到公司，锁好车，抬头看一眼公司高大的建筑。数月来心底的恐惧感消失了，取而代之的是闪烁着希望的微光，甚至还有一丝兴奋。她一直想要这种工作状态。诚然，米切尔还在那儿，公司还充斥着男权氛围，但是她知道这并不意味着自己的人生将注定错过所有机会。她能拥有更大的影响力。

埃米莉打开门走进公司大楼，打量着具有现代风格的大厅，皇室蓝的圈椅、仿古木地板以及昂贵的抽象派画作。她按下按钮，走进电梯并选择3层，几秒钟后来到办公室。

就在今天了，她想。是时候问问米切尔为什么自己一次又一次失去升职的机会。

——

2点55分，埃米莉盯着电脑上的时钟，希望自己保持镇定。

她还没有同米切尔谈论关于升职的事情。她尝试了几次，但是每次走到他办公室门口，总有其他人在里面。最后，她发信息给他，问3点整的时候能否聊一聊。他回复说有一刻钟的时间。

这样更好，埃米莉心想，不必再拖延下去了。

时钟指向2点58分，埃米莉站起来，掠了下头发，整了整衬衫，向门口走去。稍稍迟疑后，她打开门，走向不远处米切尔的办公室。他办公室的门半开着，她轻轻地敲了下。

"埃米莉？"米切尔叫道，"请进，我先回复完这封邮件，然后我们再开始。"

埃米莉随手关上门,坐在米切尔办公桌前的椅子上。几分钟内,唯一的声音就是米切尔写邮件时敲击键盘发出的嗒嗒声。她看着他的手指,越等待越紧张。房间终于安静下来,米切尔站起来,十指交叉合拢交叠,把邮件重读了一遍。她看着他点击了下鼠标。发送成功。

米切尔转向埃米莉。"不好意思。十万火急,必须立马发出。"

埃米莉点点头。"嗯,理解。"

"找我什么事?"

"谢谢你今天留出时间来。"埃米莉说。她有些犹豫,尽管在心中排练过几十次,但是现在还是不知道怎么开口,"有些事情我想问问你。"

"什么事情?"

"还记得几个星期前你告诉我关于斯坦升职的事吗?"米切尔点点头,埃米莉继续说,"近来我反复思考为什么是他而不是我得到晋升。这也不是我第一次错过机会,很多同事都提拔了,而我感觉还在原地踏步。"她瞄了他一眼,但是他的表情不置可否,所以她硬着头皮往下说,"坦率地说,米切尔,我在工作上比他们都努力,如果你看看工作月报,我的绩效指标一直都领先。我不是说他们不行,他们也都很优秀,在各自领域干得都不错,但是我不明白我与他们的差距在哪里。"

米切尔若有所思地看着她几秒钟。埃米莉强迫自己坐直身子,并表现出自信的一面。最后,他站起来,绕过办公桌,坐在她旁边的椅子上。她转过脸看着他。

"埃米莉,你要知道,没有人比我更欣赏你。你是超级明星。毫无疑问,你忠诚可靠,受人尊敬,能克服所有困难,"他想了想,又字斟句酌地说道,"有几句话不知道该不该跟你说。"

3. 我应该关注什么？

"请讲。"

"跟你的业绩没有关系。你的工作，你的管理，几乎每个方面都是满分。"

"那是什么呢？"

现在米切尔的表情倒有些不自然了。"我不知道怎么讲，我感觉让你承担更多责任有些……嗯，不太合适。"

埃米莉眨了眨眼睛。"不太合适？"

"是的，我是说，你是一位母亲，家里有很多事情需要处理，我不想给你太多压力。"

"因为我是一位母亲？"

"不，不，不。不是这个原因。我只不过是体谅你，埃米莉，是为你好。"米切尔笑着拍拍她的肩膀。

埃米莉尽力强忍着，没有躲开他的手，从刚进来时的紧张到现在的满是愤怒。她看着米切尔，自入职以来，她从没有注意到他有多大年纪。他金黄色的头发有些稀疏，已经能看出啤酒肚，皱纹也爬上眼角。她突然意识到米切尔在同一个位置上工作了将近10年。他一直没结婚，也没有孩子。这份工作就是他全部的生活。在他看来，在工作之外的责任——家庭生活——让她效率变低了。孩子是一种职业责任。

但是话又说回来，她的一些男性同事也有孩子，而他们依然获得升职了啊。

"米切尔，"她稳了稳语调说道，"我知道你是为我好，但是你做的一切不是在帮我。"米切尔惊奇地睁大眼睛，他从椅子上站起来准备说话，然而埃米莉继续说道，"那么斯坦呢？他有2个孩子。詹姆斯呢？他1年前晋升时，他的孩子只有3个月大。还有卡梅隆，他也有孩子！"埃米莉终于忍不住发火了。她注视着米切尔，不再说话。

米切尔也盯着埃米莉。他换了个坐姿，手指飞快地敲击椅子扶手。

埃米莉从没见过他如此不自然。"他们的升职都是应得的,"他声音低沉,终于说道,"而且他们在家中也不是主要的照顾者。他们全身心投入工作。"

"我正好和他们一样,在家中做得也不多。而且工作上我比这些男士更努力。"在这里,她终于说了出来。男士。

"但是你会在工作和家庭之间左右为难。我需要你全身心扑在工作上。"

"那么,我能做什么,米切尔?我在公司还能怎么发展?我不会放弃我的孩子。"

米切尔认真地看着她。"我没说让你不管孩子,不过我希望你把工作放在第一位。"

"你是说工作在孩子之前。"

"我没有这样说,"米切尔语气缓和下来,"好好想想我说的话。我想你会认识到我是对的。"

埃米莉话到嘴边又咽了回去。这是她唯一精通的策略,能使她避免在错误时间让怒火喷涌而出。她现在很庆幸数十年来坚持不懈地练习如何保持克制——就是为了应对现在情绪要爆发的时刻。

"米切尔,我想我不会放弃的。"她最后说。

他挤出一丝笑容。"我希望你能成功。"

埃米莉站起来,把椅子归位,一言不发地离开米切尔的办公室。

她坐在自己办公桌前,盯着对面的墙看了近10分钟,头脑中还在回味刚才的对话。她吸气5秒钟,呼气5秒钟。吸气,呼气,放松身体。然后,她转向办公桌右边,看到红色的工具袋掉在地板上,里面有一个棕色的纸袋子,是她午餐休息时取回来的。她打开纸袋子,向里面瞄了一眼,赫然出现一个包装完好的小盒子,上面用花体字印着"验孕棒"。

4

现在，忘记职位

自从上周与米切尔谈话后，埃米莉几乎每晚失眠。这个周六早上，她已经起床两个小时了。为什么不早点见到大卫呢？杰森和亨利在家悠闲地吃早餐，她知道他们享受两个人在一起的时光。

当她骑车经过博伊西市中心新建成的大楼时，想起这周发生的事情。自从那天谈话后，米切尔总是躲着她，而且每次她与那些获得升职的男同事讲话时，她依然感觉到深深的不自在，这种感觉总是挥之不去。她头脑中闪现出米切尔的脸孔，当他解释身为母亲是她无法获得升职的原因时，脸上居然是一副施恩与人的表情。她握紧手刹。难道他没有意识到这是公然的性别歧视吗？之后，她想起上周收到的验孕棒。

埃米莉猛然摇摇头，想着要把一些人和事——米切尔、装验孕棒的紫色盒子以及整整一周——从头脑中抹去。突然，她知道自己需要什么了。她不再直接去慢慢咖啡馆，而是掉头赶往博伊西山脚下。

埃米莉把自行车锁在骆驼背公园，看着公园里空无一人的滑梯和秋千。现在是8点10分，游乐场上只有一个人在健身器材上锻炼。她取下头盔，随处转转，看到20多位跑步、骑自行车的人正在晨练，都是和她一样喜欢锻炼的人。

埃米莉笑了，她也可以跑步或者骑山地自行车，但不是今天。上午还要同刚认识的导师见面，但是在见面之前，她需要平静心情并理清头绪。

埃米莉快步走到骆驼背山的山脚下，并抬头往上望。公园的命名很形象，陡峭的骆驼山矗立在公园内，神似骆驼的驼峰。埃米莉小时候经常用整个下午爬上险峻的山坡，然后滑下砂石覆盖的山路。那时候她经常陷入软软的沙子中后，沿着山路往下翻滚。

今天上午埃米莉选择了一条砂石较少、有风吹过的路爬到山顶。到达山顶时，她大口喘着气。山顶上没有其他人——在周六的早上这种情形还是比较少见的。她翻过老旧的木栅栏，小心翼翼地走到边缘处，坐在扶手上眺望远处延绵的城市风光。她闭上眼睛，呼吸着清晨山顶清新的空气，呼出折磨她整整一周的负面情绪。

她不打算忘记，也不准备原谅。但是她知道保持坚强将是她改变能源技术公司男权主义的最好工具。为了获得影响力，她必须首先掌控自己。现在，这意味着要保持情绪稳定、头脑冷静。

埃米莉看了下手表，离与大卫见面还有半小时。她又坐在那里冥想了3分钟，感觉嘴唇边都是呼出的哈气，头脑中米切尔的影子被赶了出去，取而代之的是亨利和杰森。她最终睁开眼睛，站起来翻身越过木栅栏门。埃米莉走到山的另一边，瞥了一眼小时候经常玩耍的陡峭山路，是15年前？还是20年前？最后，她先是沿着石阶往下走，后来还是忍不住踏上铺满沙子的坡道。她紧走几步，之后开始跑起来。

埃米莉一路狂奔来到山下，好像又回到上小学的时候。山风吹

4. 现在，忘记职位

起头发，她跑得越快，肾上腺素越高。她脚底滑了一下，但是设法保持住平衡，又继续往前跑，穿过沙堆、公园，一直跑到游乐场上。她在自行车前停下来，把手撑在膝盖上喘着气。

她的脸红红的，肺里好像有一团火，但是一种愉悦感传遍全身。她站直身体，双手在头顶合拢交叠，抬头望着太阳。她感觉身体打开了，也变得轻盈了。内心平静、坚定，怒气也烟消云散——好像已经把它丢在山顶了。

现在好一些了，她想。现在可以去见大卫了。

———

15分钟后，埃米莉坐在慢慢咖啡馆里一个两人座的座位上。现在人很多，大卫常坐的位置上还有人。店员端来咖啡时，她看了下时间：9点08分。

大卫看着不像是会迟到的人——但是，她又真正了解他多少呢？今天仅仅是他们第四次见面，而且第一次见面的内容还是洒出来的咖啡和湿纸巾，所以那次严格来说还不能算数。现在依然看起来很奇怪，她竟然把大卫看作是守时的人，那种无论去哪儿都会提前10分钟到达的人。

"埃米莉，"大卫打断了她的思绪，"对不起，我迟到了。"

"早上好！"埃米莉站起来同大卫握手，她对自己表现出的热情感到惊讶，"我还在想你是不是要放我鸽子了。"

"不会的。我一切都好，现在赶过来了。"

"要来一些咖啡吗？"

"我已经点过了，谢谢！"

埃米莉坐下来看着大卫入座。他的脸微红——她猜可能是因为急着赶过来。浅浅的黑眼圈表明他昨晚休息得不好。

他直视着埃米莉:"我们开始吧?"

埃米莉轻轻地笑了。"你心里想的都是工作。"

"嗯,我今天是专门为你来的。我答应我爱人10点15分在农贸市场见,所以我们最好单刀直入。"埃米莉点点头,大卫继续说道,"还记得上次关于领导力我们讨论了什么吗?你认为公司中有些人拥有非正式的影响力,他们虽然没有头衔,但是都有影响力。"

"比如说行政助理凯伦。我们委员会准备下周表扬她。"

"很好。听起来是她应得的。"

"她的确配得上。"

"待会儿我将问你一些关于凯伦和你们公司其他有影响力的人的问题,你能否按照我的思路来回答。"

"没问题。"埃米莉回答。她看着他从仿古的皮背包里掏出笔记本和笔。

大卫注意到她盯着他的包看。"我妻子送给我的。是人造皮革——绝对不是为了炫耀。"

埃米莉眉尖扬了扬。"她的品位不错。"

大卫摊开笔记本。是一个空白的笔记本——没有横线或者表格。埃米莉意识到他一定是专门为了他们之间的谈话准备的。他取下笔帽,画了三个表格。

"首先,为什么在你们公司凯伦是有影响力的?"

她想了一下,说道:"她善于解决问题,善良,对人有礼貌,一直坚持到底。"埃米莉看着大卫在第三个表格里写下"解决问题""善良""有礼貌""坚持到底"。

"还有吗?在你们公司其他人凭什么有影响力?"

"我想知识渊博算一个,知道很多东西。"

大卫在中间的表格里写下"知识渊博"。"继续讲,你们公司有影响力的人还有哪些其他品质?"

4. 现在，忘记职位

"工程师们因为他们的才智而受人尊敬。他们真的很善于解决问题。"埃米莉看着大卫在第二个表格中写下"聪明""解决问题"，继续说道，"我刚刚想起一个人，那年我还是一个参加管理人员培训的新人，当时他对我很关注。我们每个月都要共进一次午餐，讨论我在公司的发展——这也是我的目标。他也分享自己的人生经历——在公司如何从一名工程师成为一名领导者。"

"很好的例子，"大卫说，"你如何形容他？他的哪些特征是有影响力的？"

"嗯，也许是乐于助人。"

大卫在第三个表格中写下"乐于助人"。"他怎么乐于助人了？"

"嗯，他在时间上很慷慨。和凯伦一样，他对我们公司的事务很了解。"大卫继续在第三个表格中写下"慷慨"。埃米莉又补充说，"而且他是一个专业工程师，我真的很佩服他。他也取得很高的成就。"大卫在第二个表格中添上"专业""成就"。

"好的。到目前为止我还没有听你说过哪些人因为他们的工作职务而有影响力。我说这些时你头脑中想到的是谁？"

"当然，是CEO，"埃米莉停下来，等着大卫在第一个表格中写下CEO，"还有主管研发的资深副总裁有很大发言权，因为他是公司成功的关键，甚至比CEO还重要。"大卫在第一个表格中写下"资深副总裁"。

"还有吗？"

埃米莉看着咖啡，先是顺时针慢慢转动杯子，然后逆时针转动。"我认为这取决你在公司的角色。米切尔影响我的生活，也影响我同事的生活，因为他作出的决定影响我们的未来。"

"他是一名主管吗？"大卫问道。埃米莉点点头，他在第一个表格中写下"主管"，然后把笔记本转过来让埃米莉看。

CEO 资深副总裁 主管	知识渊博 聪明 解决问题 专业 成就	解决问题 善良 有礼貌 坚持到底 乐于助人

埃米莉认真看着面前的表格。"耐人寻味。第一个表格中只是头衔,而在另外另个表格中都是描述性词语,"她抬头看着大卫,"我猜你接下来将解释其中的含义吧?"

大卫点点头,用笔指着表格。"其实你刚才帮我归纳出你们公司领导力的三个维度。"他把笔记本转回去,在每个表格上面写下标题,然后又转向埃米莉。

埃米莉读道:"职务领导力,专业领导力,性格领导力。"

"没错。我们把第一个维度称为职务领导力,或者叫作结构领导力。人们因为职务头衔而拥有影响力,"他用笔点了点中间表格,"这个表格是专业领导力。公司里面有人因为掌握知识或者取得成就而具有影响力。第三个表格的描述性词语最多,是性格领导力,指的是有些人拥有影响力是因为他们本身的性格。领导力分为三个维度,其核心概念是,影响力即领导力,一名领导者真正影响力是三个维度的领导力的结合。关于诚实每个维度的领导力有不同的评判标准。"

4. 现在,忘记职位

职务领导力	专业领导力	性格领导力
CEO	知识渊博	解决问题
资深副总裁	聪明	善良
主管	解决问题	有礼貌
	专业	坚持到底
	成就	乐于助人

埃米莉凝视着笔记本。一直以来她都在追求职位。她的整个职业生涯都希望到达到一个更高的职位,更多的薪水,更重的责任,进入核心管理团队。但是为公司影响力作出定义后,很明显重要的是专业和性格。要是没有大卫的提醒,她甚至都没有想起职务领导者。知识渊博、解决问题、乐于助人、有礼貌、慷慨——这些都是她向往的。她一直认为在公司有头衔才有影响力,但事实是任何人都能够拥有影响力。

说起米切尔,他是一名职务领导者,但是又能怎么样呢?他缺乏专业领导力和性格领导力。在埃米莉看来,尽管他是自己的老板,但是目前阶段的自己在专业上更强,当然性格上也胜过他。因为自己是一名母亲就不被提拔,他肯定不适合列入性格列表中。

"埃米莉?"大卫用平静的语气说道,"看起来这让你很有感触。"

她抬起头,呼吸很急促。她感觉到胸中有一团怒火,今天上午早些时候她已经在极力排解的那团怒火。

"我只是有点——"埃米莉停下来,她不确定谈话应该在多大程度上涉及公司的事情。聊天是为了进步,不是为了迷茫。

"我有没有说什么话让你不高兴?"大卫问。

"不不,一点也没有,"埃米莉回答道,"上周我同上司的谈话让我很失望。今天上午我一直尝试着专注于话题,没想到关于诚实的讨论又让我想起之前发生的事情。"

"你现在感觉怎么样?"

埃米莉迟疑了一下,眼睛看看笔记本,又抬头望着大卫。"我还好。我们继续吧,我想继续听你讲。"

"那我们就绕开这个话题来谈吧,我保证我们还能绕回来。"

她看着大卫,想着要不要说出来。终于,她开口道:"我很生气。"

"为什么生气?"

埃米莉把之前与米切尔的整个谈话复述了一遍——她如何最终鼓起勇气问他为什么没有提拔她,米切尔如何用她有了孩子作为不升职的理由。她用几分钟讲完经过,然后陷入沉思。最后,她说道:"我只是不知道在一个不能被公平对待的地方,如何发挥潜力来做好工作。"

大卫目不斜视地盯着她的眼睛。"我想我没有完全理解到你当前的处境。对你的遭遇我感到很遗憾。"大卫摇摇头,看着天花板,好像在体会她的痛苦,"你有没有考虑过换一家公司?"

"也想过,但是没有多大意义。我同其他公司的朋友聊过,本地的公司以及全国其他地方的公司,我相信当前美国企业都存在这个问题,或者说起码技术领域的公司是这样的。我曾经也想过去投诉他,但是这个问题太普遍了,我想即使投诉,除了使我自己可能被本地技术圈排斥外,不会有什么结果。所以我认为唯一的选择就是影响他的看法。"

大卫点点头。"这件事情对你个人影响有多大?"

"就是有些……压得人喘不过来气。我不知道如何形容更合适。我不确定对公司还能保留几分忠诚。"埃米莉没想到自己居然能说出这些话,她一直引以为豪的是宠辱不惊,是一种即使遇到困难也平心静气处理问题的能力。但是现在——现在不一样了,这是一种她之前从没有过的无力感。

为了表示同情和尊重,大卫在说话前停顿了一段时间。"当我试图理解你的经历时,原本以为能完全感同身受,现在我意识到自己太想当然了。"

埃米莉勉强笑了笑。"至少我们的聊天是获取理解的一种方式,"她字斟句酌地说,"事实上,媒体曝光了一些男性歧视女性或者做了其他不好的事情,他们以为已经掌握事情全部真相。但是几乎每天我都能听到、读到、看到或者经历一些性别歧视,尽管他们不是刻意为之。"

大卫低声咳了一下,好像有人在他胸口拍了一下。"我没想到这种事情如此普遍。"

"的确很多,我认识的女性几乎都有跟我类似的故事……甚至有更糟糕的经历。至少米切尔没有对我性骚扰。真的,有很多女性向我吐露过跟上司之间发生的不愉快的事情。"埃米莉说话时目光越过大卫,看着咖啡馆的后门,之后又回到大卫身上。他沉默了。她问道:"有什么建议吗?"

大卫抿着嘴沉思。"呵,"他边说边长出一口气,"我想我没有资格谈论你正经受的歧视,不过是否可以为你提供这些年与其他青年男女分享过的建议?"

"请讲。"

"现在,你要暂时忘掉职位才能得到职位。"

埃米莉眨了眨眼睛。"什么?"

"忘掉职位才能得到职位。"

"我知道。但是有什么含义吗?"

"很遗憾,我没有时间解释了。我妻子还在农贸市场等我,她可是急脾气。"大卫眨眨眼睛,"要不下周吧?"

"什么?你不能这样对我。"她笑着说,差点忘了刚才还在生气。

"对不起,我答应了我妻子。你下周什么时候有空?周内我每天上午都在这里。"

埃米莉撒娇着假装抱怨,打开手机上的日历。"我推掉一个会议,周四应该可以。但是,我应该怎么跟米切尔说?我不确定是否可以长时间装作什么事情也没有发生过。"

"什么时候你的话有影响力了,你就可以去说了。"大卫说。

"要等到那个时候?"

"我们很快就可以做到。关键是要最大程度地提升你的影响力。如果时机不对,不会有你想要的结果。你会有机会向你的上司明确地表达诉求,但很重要的是要清楚什么时候合适。不只是知道说什么,还要明白什么时候说。"

"我从来没有认识到这一点。"

"我也是吃了很多苦头后才明白的。"

埃米莉很吃惊,飞快地眨眨眼睛。直到现在她才认识到大卫也曾经像她一样学习领导力,也曾经因为失去机会而失望,而斗争。他也曾经坐在我的位置上,聆听过同样的课程。

"用理智去领导,用情感去服从。你刚才跟我说的非常重要。"

大卫站起来,把椅子放好,眼中满含笑意。"我们还会再见面,不是吗?"

"我想会的,"埃米莉说,然后指了指手表,"你得走了。"

"你说得对。"大卫把笔记本和笔放进背包。"我这周给你留一些家庭作业吧?"

"好的。"

"我希望你思考如何从性格领导力的角度定义诚实并写下你的认识。"

"没问题。"

"再见!"

"谢谢,大卫。"埃米莉站起来同大卫握手。他笑着张开双臂,两人拥抱了一下,大卫走向楼梯准备离开。

"嗯,大卫?"埃米莉透过嘈杂的人群喊住他。

"什么事?"他停下脚步,回头问道。

"我想告诉你——我怀孕了。"

5

性格第一

埃米莉在办公室玩转笔,看着笔在指尖旋转一圈、两圈,然后用拇指和食指夹住。她望着窗外茂密的树冠投下长长的倒影。这些倒影看起来像她的肚子——怀了孩子的大肚子。所有的一切让她再一次地想起孩子。

杰森欣喜若狂,她也一样,除了有时候想到自己职业生涯要因此被拖累一两年而感到苦恼。如果米切尔想到她现在要被分去更多精力,这个孩子出生时他又要做何感想?

还不仅仅是米切尔。有一天,她无意中听到另外一个部门的一位单身男士的评论。"她快要去休产假了,"那人对另一位男同事开玩笑说,"难道你不羡慕吗?即使休完假后回来上班,也基本上是兼职。"

埃米莉什么也没说。她身体的每个器官都在叫嚷着要去纠正他的错误认识,但是她没空做这些。她正忙着思考到时候去休产假时他会怎么说，而自己又会有什么反应。

　　说句公道话，在公司还有其他当了父母的同事，和少数单身女士，他们都明确支持产假和陪产假。在公司行政领导团队中有两位女性，其中一位甚至缺席一次重要会议去照料生病的孩子。那位女领导的决定不仅在能源技术公司，而且在整个行业引起关于反对"女性优先权"的广泛争论。当然，她不顾后果离开会场依然令人深受鼓舞。

　　埃米莉很庆幸有一批同盟者，但是这还不够——需要在企业文化上有所改变，她认为唯一的途径是从自身和她的团队开始改变。而没必要在走廊斥责一位不能感同身受的同事，她必须培养影响力。

　　埃米莉看了下手表。下午5点30分。她移开转椅，站起来，又坐下，然后把办公椅推回办公桌。杰森和亨利6点15才到家，所以现在回去干吗？办公室很安静——大多数同事已经早早离开了——她还有大卫布置的作业要完成。整个星期她都在琢磨他的问题，想着要在明天上午见面之前写下一些思考。

　　埃米莉从包中取出日志本和笔。她敲击键盘，把电脑从休眠模式唤醒，打开浏览器，键入"诚实"一词。有一个定义吸引了埃米莉的注意，所以她记下"完整或者不可分割的品质或状态"。大卫要她从性格领导力的角度思考诚实。她在日志本中写道：

> 　　我认为在性格领导力中诚实指的是即使遭受挫折，面对挑战或者处于困境，都要遵从自己的行为准则。在我看来，性格领导者是那些因为他们为人处世的方式，遵守诺言，生活合乎道德而被我尊重的人。他们大多有坚定的信念，不会左右摇摆或者主观臆断。他们也善于倾听，以理服人地领导。他们是坦率的，因为始终与自身内核——行为准则相连接，所以生活在"完整或者不可分割的品质或状态"。

5. 性格第一

我希望成为这种类型的领导者，我希望因为我能完全彻底地遵从我的内心从而获得影响力。我希望人们信任我是因为我是诚实并值得信赖的。我希望他们感觉到被倾听，就像有人真诚地看着他们并听他们说什么。我想一位性格领导者将通过这些方式完整地展示自己。在我看来，与专业领导力和职务领导力不同，性格领导力具有一定的脆弱性。

但是，我还有一件事没有想明白，就是领导力的三个维度是如何互动的。我知道职务很重要，专业也很重要，但是有多重要？我要把大部分注意力放在性格上吗？要在多大程度上关注专业？如果我把所有精力投入性格和专业发展，在公司的职务会不会提升？我期望在同大卫讨论时得到这些问题的答案。

埃米莉在页眉处标上日期，然后把日志本放入包中。她要回家去见她可爱的大男孩和小男孩了。

———

第二天上午，埃米莉提前 20 分钟来到慢慢咖啡馆。她希望在大卫到达之前看会儿书。点好咖啡后，她走到咖啡馆后面的长桌旁，面朝楼梯坐在靠墙的位置。

埃米莉从包中取出《向前一步》，这本书是关于女性领导力的，虽然是几年前购买的，但是最近才开始阅读。她把书翻到书签的位置，找到上次停留的段落。

"养育子女过程中不可能管控所有的未知因素，"书中写到，"对于一名依靠规划和努力上进而取得前期成功的女性而言，很难接受这种乱糟糟的情况。"

确切地说，这不是埃米莉之前希望看到的战斗口号，但是至少反映了实际情况。作者桑德伯格详细讲述了第一次休产假的情形，期间经常在家办公，几乎没有享受到与新出生的孩子共处的乐趣。不过作者讲到，第二次休产假，她实际上完全放下工作来陪孩子，并且感到很幸福。

"渐渐地，她开始意识到工作并不真的需要我一天12小时待在办公室，"桑德伯格写到，"我在工作上更有效率，更注意参加或者召开真正必要的会议，更加下定决心使我离开家后每一分钟的产出都要最大化……我试着把精力集中在真正起作用的事情或者环节。"桑德伯格实质上经营着一家公司，即便如此她也能找到一种兼顾家庭和工作的方式。

时间来到9点钟，这是双方约定的时间。埃米莉现在感觉好多了——甚至很受启发。她合上书看着楼梯，期待他们的聊天。9点05分，大卫满面笑容地出现并挥了挥手。埃米莉从座位上站起来。

"大卫！见到你真高兴。"她说。

"我也很高兴见到你，埃米莉。"他手中拿着外带咖啡的杯子，"今天出去走走吧？"

"好主意。让我收拾下。"埃米莉拿起书本和包。他们走向门口时，她注意到大卫慢腾腾地走着，眼底有明显的眼袋。

"你还好吧？"

"哦，是的，"他说，"只是有一些疲惫。"

"确定没事？"

大卫打消了她的担忧。"没有。我很好。无论如何，我应该问问你的情况。你感觉怎么样？"

"有一些想吐，但是总体还好。"她敲敲咖啡杯，"没有咖啡因很难熬。脱因咖啡的口味到底不一样。"

"需要加咖啡吗？"他们走向柜台时店员问埃米莉。

"只用添一些热的脱因咖啡。能给我装到杯子里带走吗？"

"好的。"

大卫瞥见埃米莉胳膊下夹着的书。"《向前一步》，嗯？我喜欢这本书。"

"你读过吗？"

"我当然读过。你看起很吃惊。"

"有点儿。"埃米莉把包放在地上，蹲下来把书放进去，"很难相信能遇见一位读过这本书的男士——更不用说是一位退休的CEO。"她笑着，"你又一次出乎我的意料。"

店员把咖啡递给埃米莉，同时送给她一个硬纸套筒。"小心烫手。"

"好的，谢谢。"

大卫冲店员点点头。

"现在走吧？"埃米莉对大卫说着，并把套筒套在咖啡杯上。

"我想我们可以往图书馆和城市绿地那个方向走。"

"完全同意。然后你将告诉我'忘记职位将得到职位'的意思，不是吗？"

大卫笑了。"适当的时候我会说的。嗯，记得上次给你留有作业。"他们一边往外走大卫一边问，"你有时间完成吗？"

"我完成了。我整整一周都在思考，昨天下午还花时间写了些感悟。你要看我写的内容吗？"

大卫点点头，埃米莉把咖啡递给他，从肩上取下包并从里面掏出日志本。"在你检查作业以及我们深入讨论诚实等概念之前，我能不能跟你说说这周都学了什么？"

"可以。"大卫答道，把咖啡还给埃米莉，"有什么新的收获？"

两人在十字路口停下来等红灯。"嗯，上次你说过用理智领导，用情感服从。这个概念太让人震撼了，我开始注意到周围人的做法正好是相反的。整整一周，当我参加会议或者同其他领导者交谈时，我都会问自己，'哪一个在先？情感还是理智？'难以置信，仅仅是问这样一个简单的问题，都带给我多么大的启示。"

"有没有很具体、很突出的例子？"

"有。在公司召开的一次会议上。"他们穿过街道继续朝城市绿地的方向走，埃米莉说最近她与其他经理在公司开会。他们在会上讨论一种新的文档平台，公司高层要求他们用新平台取代公司创立初期开发的软件。参加过培训项目的经理们在情感上倾向于付出了心血的旧软件，但是后进入公司的经理对于新旧交替很兴奋。大家讨论什么时候以及如何把新平台引入团队，但是讨论了近1个小时也没达成一致意见。

"要知道当会议开得非常不顺利时，是不是差不多都能感受到那种挫折感？"大卫点点头，埃米莉继续说，"我开始意识到和我一起参加过培训项目的经理们把大会带入循环争论，后入职的经理们越来越郁闷，也不再致力于解决问题。我们和他们对立起来。"她摇摇头，继续说："通常情况下，我本来应该加入他们之间你来往我的争论，但是那天我在那里只是观察，整个会上没怎么发言。最后，我建议第二天下午我们重新分组讨论。我请每位经理说出在变革中他们最希望看到的事物，然后大家一起制定方案。散会的时候看起来每个人都很高兴。"

大卫边听边走没有说话。他们走在第八大街一段安静的路上。之后他们没有去往城市绿地，而是走向一座横跨河道的大桥。他们在桥中间停下来，大卫把前臂放在护栏上，向河面眺望。埃米莉站在他身边。

"好吧，"他开口道，"你正在学习最有价值的课程之一，即关于领导者如何利用情商影响他人。当然，除了意识和管理你自己的情绪，情商还有更多内涵，比如能够理解并与他人的情绪共事。你在会议上做的事情就属于这一类。"

5. 性格第一

"我也是这样认为的。"她靠在护栏上,看着河面上的树枝和树叶随流水消失在桥洞里,"明天的会议将是真正的考验。"

"是的,但是你应该为到目前为止作出的成绩感到自豪。你正在成长为一名领导者,因为通向成为领导者的第一步就是自我意识——有更强的能力来保持距离并明白你和你周边发生的事情。你介入并影响正处于困境中的局面。"

埃米莉发现自己还拿着日志本。"嗯,很高兴听到你说我在进步,因为我不确定自己所做的是否就是你希望的那样,而你在作业中要我对性格领导力中的诚实作出定义。"

"你的意思是?"大卫问道。

"嗯,我知道诚实对性格意味着什么。但是我很难理解它们是如何相互影响的。我明白领导力的三个维度——性格、专业和职务——是关键因素和主要内容,是持续追求的目标。但是我有一点点疑惑,你说诚实有三个不同的定义,可是我不知道三个定义有什么联系。"

"没错。领导力有三个维度,每一个维度都很重要,而诚实在三个维度上定义是不一样的。今天我们先说一说性格领导力维度上的诚实,之后再谈其他维度的。让我看看你写的内容。"埃米莉把日志翻到最新写字的那一页,然后递给大卫。他把咖啡放在护栏上。

大卫阅读的时候,埃米莉忍不住观察他的脸庞。他的神情是如此——怎么形容呢?专注。好像在看人生中最精彩的一本书。

他终于读完,抬起头。"写得很好,埃米莉。看得出的确经过认真思考。"

埃米莉笑了。"谢谢。"

"你写道:'性格领导者是那些因为他们为人处世的方式,遵守诺言,生活合乎道德而受到我尊重的人。'后面还写道:'他们是坦率的,因为始终与自身内核——行为准则相连接,所以他们生活在"完整或者不可分割的品质或状态"。'这些看法很有见地。"

埃米莉脸红了。她从来没有听过别人大声读出她的私人笔记。"嗯,谢谢。我对'与他们的行为准则相连'具体指什么还不太确定。我认为这个词语太笼统,当我认真思考它时,我甚至不能明确自己的行为准则,而且肯定也无法定义我的上司,或者上司的上司的行为准则。"

"没关系。我很长一段时间内也是这样认为的。"他把日志本还给埃米莉,"还想继续走吗?"

"是的。"

他们继续在桥上走,沿着一条曲折的小路朝城市绿地走去。城市绿地依博伊西河而建,他们到达这里时,把空咖啡杯放入垃圾桶里。

"我担任 CEO 时,我的一位导师强烈建议我从不同角度思考性格,并让我扩充对诚实的定义,"大卫说,"导师的要求促使我读了吉姆·勒尔撰写的《唯一的取胜之道》一书。"

埃米莉从后兜取出手机,打开记事本功能,键入这本书的名字。"你对书中印象最深刻的内容是什么?"

"读完这本书后我改变了对性格领导力中诚实的理解。我在勒尔提出的理念的基础上,把我学到的知识运用到日常领导中。我开始认识到性格可通过两个问题进行定义。第一,我将用什么行为准则指导自己的言行?第二,我将用什么行为准则同他人相处?"

埃米莉侧首沉思。"这是从另外一个很新的角度思考问题。我原本认为行为准则就是一系列你期望的生活方式的集合,比如诚实、忠诚。但是你从两个方面来界定它,一是关于自身行为,二是关于如何对待他人。请接着往下说。"

"请稍微花时间思考你要用什么样的行为准则指导自己的言行。找到行为准则并不意味着你就是完美的——你要创立你自己的领导力体系，确定哪些事物对你最重要。在你职业生涯的最后，你要有资格说，'我一直是根据这些事物来指导我的言行。'"

"我们要不坐下来休息一会儿？"埃米莉指着附近河道旁的条椅说道，"我想把这些都记下来。"

"好主意。"

他们坐下来，埃米莉打开日志本，看了一下原来的文字，然后翻到新的页面，在最上面写下"选择行为准则以指导自己的言行"。

"我想我已经写下一些自己认可的行为准则，"她说道，"我希望做一个诚实的人。我不想等到退休时才发现自己欺骗了很多人，或者对自己不诚实。"

"你提到的诚实很好，除此之外还能想到哪些行为准则？"

"嗯，我希望在工作上是高产的——完成很多工作。"

"OK。或许我们可以把这叫作自我管理？"

"嗯，赞同。"

"事实上，我对自我管理有自己的定义：根据优先要做的事情组织并实施，同时能管理好自己的情绪。"

"我喜欢这个定义，要把它记下来。"埃米莉说。她写完后看着大卫："我猜你有一系列自己的行为准则？"

"的确如此。我主要有 5 条行为准则。但那只是我的，你应该制定你自己的列表。"

埃米莉眉尖上扬。"听起来像是关于自我意识的练习。"

"是的。"大卫笑着从背包中取出一张纸片递给埃米莉。纸片上列着两组词语，每组大约 20 条。"我专门为你做的行为准则分组列表，但并不是一份完成了的清单，我希望你继续添加词语。现在从我的列表开始，看有多少词语是与你有共鸣的。"

指导自身的行为准则

自我管理	感恩
诚实	谦逊
寻求帮助	勇气
负责任	平衡
韧性	融洽
诚实	自我接纳
职责	自尊
警觉	明晰
积极性	信念
灵活性	愉悦
实现目标	志向

指导与他人相处的行为准则

同情心	有说服力
公平	团队合作
宽恕	慷慨
同理心	影响力
开放	忠诚
善良	正义感
协作	爱
善于沟通	关心
参与	激励
授权	尊重
交际	合作

5. 性格第一

埃米莉看着这张纸片。很明显大卫花了很多时间为自己写下这份列表。她看得很仔细，心底默默记下自己最看重的行为准则。

"哇，非常感谢，"她说，"很难相信你把它们写在一起。如果可以的话，我会定义自己的行为准则并延长这份列表。"她看了一眼在日志本中记下的两类行为准则，然后看向河流。"你有没有感觉到压力很大？我感觉一旦确定了行为准则，就需要真正遵循它们——没有例外。"

"不可能做到始终遵循，"大卫说，"我们是人。我能告诉你一件事吗？"

埃米莉点点头。大卫告诉她自己曾经损失500万美元，使他和妻子背上了100万美元的债务。他一辈子财务状况健康，虽说不是超级富裕，但是银行账户一直有存款。有一次他进行重大商业投资，但是被骗了。因为法律上的漏洞，他的500万美元投资无法被追回，所以陷入债务困境。

他身边所有人都劝他申请破产，因为是商业失败，不是个人问题，而且破产法就是针对他这种情况的。但是在内心深处，他坚信自己能还清债务。如果申请破产，那将是个人获利的破产。所以他咬牙坚持努力10多年时间，偿还了所有债务。

"韧性和负责任是我遵循的行为准则。如果我没有选择它们，我不确定是否能作出偿还债务的决定。现在回过头来看，我很高兴那样做了，因为性格比我的银行账户更重要。当我们需要作出艰难决定的时候，行为准则指引着我们克服困难。我从来不是完美的，你也一样。"他转过脸看着她，"我的行为准则使我更加遵守规矩，更负责任。因为我把寻求帮助确定为我的行为准则，所以我也会寻求他人的帮助，尽管有时候这并不容易。行为准则提示我将要成为什么样的人，而不仅仅我是什么样的人。"

"嗯，你对行为准则的认识很深刻。"

埃米莉左手拿着纸片，右手握着笔。"把行为准则放在首位真正能改变你同世界互动的方式，"大卫指着纸上的第二个列表说道，"下面，我们来讨论你同其他人相处时要遵循的行为准则。你能想出一些吗？"他看向正在认真审视列表的埃米莉说："首先想到的是什么呢？"

埃米莉抬起头："我马上能想到一个：忠诚。"她在日志本上重新列出一片区域，并写下"忠诚"。

"忠诚对你意味着什么？"

埃米莉望着一只大青鹭掠过水面，它正在为早餐而觅食。"对我来说，忠诚是不从他人身上寻求获取物质或者利益，而是与他们站在一起克服困难。"

"很好的例子。我认为忠诚是别人在场时不说的话，别人不在场时也不说。"

"定义很精彩。给我一分钟让我把它记下来。"

大卫看着她写完。"很好。还有吗？"

"嗯，部分原因是我感觉人们根据我的性别而对我做出不公平的评判，我希望做到包容。我要接纳他人——不因他人不同而拒绝他们。"埃米莉写下"包容"后继续说，"也许还要加上'协作'。"她也写下这个词。

"协作具体指什么？"

"我想指的是上次我们加到表格上的善良和尊重——在性格表格中。"她写下"善良"和"尊重"，然后盯着列表，"我不确定还能添加哪些内容。"

"我们来稍微讨论下同理心。你怎么看待同理心？"

"嗯，问得好。我认为它指的是关心其他人，同情他人的境遇。"

"听起来是不错，但不是同理心的内涵。"大卫说。

埃米莉心想果然又切中要害。她笑着说，"OK，那什么是同理心呢?"

"同理心是通过其他人的经历获得认识的能力,是与他人当前的情绪保持一致而不对这些情绪的对错做任何评判。"

"这个定义更精确。事实上它让我想起一个例子。让我试着不带情感地讲述它——就像你曾说过的'用理智来领导'。"

那只大青鹭又飞了回来,埃米莉一边看着它做了一个新的俯冲,一边在心底组织语言准备分享一个她很少讲的故事。她讲述了几个月前自己同妈妈之间发生的矛盾,她们之间的矛盾是如此之深,以至于双方在一个房间共处的时间不能超过几分钟,否则两人中间就会有一个变得很懊恼。她妈妈批评埃米莉在家庭聚餐时迟到,说她应该换一个不需要这么长时间上班的工作,还指责她对工作付出太多了。她们来来回回争论了很长时间,之后她妈妈摔门而出并且拒绝回来。那天晚上,埃米莉同杰森抱怨说争吵这么多次,她的喉咙已经撑不住了——当然如果心脏还能撑得住的话。

终于有一天晚上,在哄睡亨利后,杰森看着她的眼睛说道:"嗯,也许你可以试着只倾听不评判。她生气,你也生气。你能更好地管理自己的情绪,然而你妈妈或许只是需要有人听她讲话。"

第二天埃米莉打电话约她妈妈见面。她们坐在一家安静的餐厅里,埃米莉听她妈妈讲了整整20分钟。她没有试图争论或者辩解。她仅仅是尝试着感同身受她妈妈的感觉。这20分钟改变了母女之间的关系。

埃米莉清了清嗓子,希望能消除讲述过程中偷偷潜入语气中的情绪。"所以,是的,我想把'同理心'加入我的列表中。因为它改变了我同我妈妈的关系。毫无疑问它是我在处理与他人关系时要遵循的行为准则。"

"谢谢你分享这个故事。"大卫说。

埃米莉又清了清嗓子说:"不用客气。"她与她妈妈的紧张关系持续了好几个月，谈论这件事情说明一切都恢复正常了。当然，也说明行为准则的力量以及为什么确定行为准则如此重要。如果没有明确，如何能够有意识地遵循它们？她深吸一口气以调整情绪，同时也很感激大卫很贴心地保持沉默。

"好的，让我们回到主题，"她说，"所以，我的作业是确定行为准则。我能够完成……至少我希望如此。需要添加多少？"

"没有上限。我原来每个列表有 10 条左右行为准则，不过你可以加上 7 个或者 12 个，或者只要说得通，多少都可以。记住下次作业是：在每个列表中找出最重要的 5 个行为准则。"

"似乎很困难。它们都很重要。"

"是的。但是这样做你才有可能进步。从列表中选出最重要的行为准则，然后从余下的列表中选出最重要的，直到你选出 5 条。你也可以在日志本中写下关于这 5 条行为准则的思考。在完成作业的过程中你的看法也许会发生大的改变，但是最后你需要认真思考你选定的 5 条行为准则。而且或许之后你的看法又会变化，不过这没有关系。"

"听起来你希望我在作业上花费很多时间啊。我相信这是必要的，我会完成的，但是它为什么如此重要呢？"

"你说得没错，这份作业不容易做。但是它很有意义，因为这关系到你想成为什么样的人，而你想成为什么样的人是你未来获得影响力的关键，更不用说处理个人关系和养育孩子了。太多领导者没有确定行为准则，某一天他们担任很高职务，拥有很大权威，但是他们不满足，因为他们选择成功的道路与他们如何管理自己或处理与他们的关系没有关系。他们没有确定他们的行为准则，正因为如此，他们很难承受失败带来的打击。"

"你面临成功的考验和面临失败的考验一样多。能否经受住考验取决于两个因素。第一，你是否知道自己是谁；第二，你是否很确定应该去哪里。如果你不知道自己是谁,别人将会定义你,并且可能把你带向你本来不会去的地方。"

"所以,回到'为什么如此重要'的问题上。它重要是因为你将会成功,埃米莉,我对此毫不怀疑。我不确定的是你将来如何对待成功,一旦你到达人生顶峰时是否还坚持遵循你的行为准则。"

"我——我不知道该说什么,"埃米莉说,"谢谢你对我的信任,同时也是督促。"

"一贯如此。"

———

埃米莉坐在家中后门廊下。亨利正在儿童戏水池玩水。她羡慕小孩子——他似乎可以一个人玩上几个小时。在屋内她只需要给他拿一些图书,在屋外只要能玩水什么的,他就有事干了。

她也有工作要做,还准备了日志本、笔以及大卫的两个列表:指导我自己的行为准则以及指导我与他人关系的行为准则。自从上次与大卫见面后,她已经花时间研究他给出的列表,并从网络上查找研究行为准则的资料。她完成了初步的列表,其中包括10条指导自己的行为准则,12条指导与他人关系的行为准则。现在,她需要从中分别选出5条最重要的行为准则。

她对面坐着杰森,他正在全神贯注写邮件。她知道他这周很忙,现在还在赶着完成因照顾生病的亨利而落下的工作。他抬起头问:"感觉都好吧?刚才你感觉恶心,现在怎么样了?"

"哦,我好着呢。你太大惊小怪了。"

"你不是说过为了能够思考问题想静一静?"

埃米莉莞尔一笑。"是啊,我确实需要集中注意力。"

"要不要来杯冰红茶提提神。"

"你是最体贴的。"

他走过来，用手轻轻抚摸下她的肚子，又向房间走去。亨利正在他的戏水池边玩漂浮球，发出阵阵声响。埃米莉按照大卫的要求正从第一个列表中挑选 5 条最重要的行为准则。她用了整整 5 分钟才决定选择"平和"。是的，平和完美表达了她对家庭和工作的最深的期盼——作为母亲和作为领导的平和之心。她继续选择下一条行为准则：勇气。杰森端着冰红茶走出来，她用微笑表示感谢，然后继续选择，直到选定 5 条指导自身行为的准则。

"妈——妈——"，几米外传来孩子的声音。

"怎么了，亨利？"

"我是迪诺建造人。"

埃米莉笑了。"宝贝，什么是迪诺建造人呀？"

"我是迪诺建造人！我建造高塔，再打翻它们！"

埃米莉看着亨利在水池中堆起一堆积木，然后展开双臂，半像木乃伊半像霸王龙，推翻了积木。

"多么可爱的迪诺建造人。"埃米莉说道，"嗨，宝贝？"

"什么事，妈妈？"

"妈妈想专心完成工作。你能不能做一个安静的迪诺建造人？"

杰森站起来："我知道了。"

他拿出软管连接到洒水器上，绕着院子开始洒水。亨利马上被吸引过来，开始新的洒水游戏。

杰森继续回到笔记本电脑前工作，埃米莉对他说："谢谢。"

"不客气。"

她开始为第二个列表选择 5 条指导与他人关系的行为准则。第一条很容易选择：专心致志。她希望在与他人的每一次互动中都专心致志，无论是与杰森和亨利，还是与朋友和亲人。她仔细思考每一条行为准则，所以接下来在选择其他行为准则时花了更多时间，最后选定了其他4条。列表完成后,她站了起来。亨利正在把积木堆在洒水器下,说是要建一个"水塔"。她拉开玻璃推拉门,从厨房柜台上拿上笔记本电脑,然后回到门廊处的桌子上。

埃米莉打开笔记本电脑,建了一个文档。她把选好的2组共10条行为准则写入文档中。在每条行为准则下还包括相关定义。

指导自身的行为准则

平和:言行能在家庭和工作之间带来平衡和平静,避免不必要或者琐碎的不同意见;和蔼,用心去爱。

勇气:虽然内心恐惧但是坚持去做;为弱势群体挺身而出;即使有困难,只要是对的,也要敢去做。

好奇心:提问问题。当有什么事情讲不通时说出自己的意见。通过阅读、倾听和研究做一个永不满足的学习者。

决心:只要目标是有价值的,倾尽全力去做,然后量力而行。

奉献:至少每个月参加一次志愿者活动,对有意义的志愿事业进行资金上的支持;在养育子女和做家务方面与配偶付出同等的努力。

指导与他人相处的行为准则

专心致志:与人相处时或者做事情时专心致志;在倾听、思考或者提问题时都能专注他人感受。

忠诚:与你在乎的人在一起,特别是当他们处于人生低谷时;不在背后议论人——要谈话就光明正大地谈话。

同理心:认识到我看问题的视角有局限性,用心对待所有人;在使人变得优秀或者特别的谈话中像对待亨利一样付出努力。

协作：无论是思想交流还是实际工作，在别人需要时毫不犹豫地伸出援手；与配偶一起抚养孩子；在生活中做重大决定时让杰森参与进来。

说服力：通过语言或者行动影响他人；用理智领导，用情感服从。

然后，她把大卫提供的以及自己后来添加的行为准则列表重新写入文档中。虽然有些条目没有入选 5 条最重要行为准则，但是她为所有新的条目加粗。指导自身的行为准则：平和、好奇心、真实、奉献、成长、学习、冒险。指导与他人相处的行为准则：专心致志、包容、尊重、团体意识、平等、成人之美、答疑。最后，她给大卫写了一封邮件。

大卫，你好：

希望你过一个愉快的周日。今天我用一些时间制定我的列表，并从每组列表中选出 5 条行为准则。另外我也在你的列表中添加了一些条目。具体内容参见附件。

你将注意到我在原来作业的基础上往前走了一步。在确定我的行为准则后，我决定为它们作出定义，了解它们对我的特殊意义，我感觉这是进一步锻炼性格的重要步骤。

非常感谢你昨天抽时间陪我聊天，期待下周末再次向你请教。下次我们将讨论专业领导力，对吧？

下周见，再次感谢。

埃米莉

她把鼠标箭头放在发送键上，重新读了一遍邮件。出于某种原因，给大卫发邮件有一些奇怪，或许因为这是两人面对面聊天之外的第一次互动。最终，她点击发送键发出邮件，然后静静地坐在那里看亨利玩耍。

儿子想象力很丰富——总是发明新的生物和世界，用一种在她这个年龄段的人看来很陌生的方式自娱自乐。小孩子使她重新燃起对生活的爱和创造力，这些美好的事物在她二十多岁时消失了。那段时间被她称为"追求成功的年代"，而且她非常狭隘地致力于职业上的成功，在她看来几乎其他所有东西都是不重要的。

两件事情为她开启了人生的新阶段：嫁给杰森和有了孩子。一个大男孩，一个小男孩，两人都是她人生的"开瓶器"，拓展了她对生活的认识和平衡。他们也打破了她的世界原有的秩序，特别是亨利。养育一个孩子是不容易的，但是现在因为家中即将多一个孩子，她又要开始另一番忙碌。

没有睡眠，换不完的尿布，孕吐，嗷嗷大哭，在用老旧的电脑房草草改造成的哺乳期休息室里用吸乳器吸奶，这些就是刚生完孩子后的生活现实。在至少一年的时间里她将是一个麻木迟钝的人，但是她不得不咬牙坚持，同时还要祈祷米切尔不会认为她已经不适合当前的工作。

多亏有了与大卫的聊天，她心中依然充满以前从没有过的力量。她看到影响她的上司和同事的可能性。看着日志本上手写的行为准则，她认识到刚才做了非常重要的工作，一项很少有人花时间去做的事情。有多少领导者能明确如何选择自己的生活方式以及与他人相处的方式？

通过关注性格领导力，她最起码可以通过要遵循的行为准则来控制自己的行为。如果大卫是正确的，关注如何与他人相处以及如何管理自己言行将为形成持久影响力奠定基础，相比升职加薪，这样做意义更大。如果把自己从大卫那里学到的知识分享给其他职业女性，也不失为她们积累更好经验的新途径。

叮。埃米莉的思绪被新邮件的提示音打断。她瞄了一眼寄件人：大卫。埃米莉原本没有想到他回复得如此快！她打开邮件读起来。

埃米莉：

　　来信已读，印象很深。你在我原来的列表中加入新的内容，从你选择的行为准则可以看出你是以多么认真的态度完成这项工作。你明确了这些行为准则对你的特殊意义，我认为这一点做得非常好。你希望成为一名性格领导者，我想你将认识到，用额外的时间做这些事情有助于实现你的目标。做得很好，期待下周末再见！

　　致以美好祝愿！

大卫

埃米莉看着电脑屏幕笑了。她抬头看见杰森和她的迪诺建造人正在玩洒水游戏，于是合上电脑，跑过去加入他们。

三人在水中玩了15分钟，然后坐在草坪上休息。

"妈咪？"亨利说。

"怎么了？"

"你是天底下最棒的妈咪。"她看了一眼杰森，然后在亨利的额头上亲了一口。

"谢谢宝贝，"她回答道，"你是天底下最棒的宝贝。"

她想起她的一条行为准则：专心致志。几个月以来，她第一次感觉到专注，与行为准则完全一致。她知道她可能做不到始终如一地坚持——这是不可能做到的——但是今天是一次好的开始。

不，这是一次伟大的开始。

6

我想成为什么样的人

"如此说来，你对行为准则有什么看法？"大卫问道。

他们在咖啡馆坐了15分钟，天南地北地谈了很长时间，正聊得兴起时大卫突然转换了话题。

"我就知道你总能把聊天带回正题上来。"埃米莉说。

大卫哈哈大笑："习惯使然。"

"对了，你看过我发的邮件，谢谢你周末还回信给我。"大卫点点头，埃米莉继续说，"工作量很大——我想我至少用了2个或者3个小时制定长列表以及从中挑选行为准则——但是通过做这项作业，不仅是对我的职业，而且对我想成为什么样的人，都很有启发。一旦我选定10条行为准则，我立刻看到遵循它的机会，所以就照着做了。"埃米莉告诉他那天下午很享受跟亨利和杰森的共处时光，感觉与行为准则完全一致。

"在那一刻能遵循行为准则去生活是多么难以置信，不是吗？"

"真的难以置信。"她停顿下来，身体往椅子上靠了靠，肩膀稍稍松弛，"但是我不知道如何才能成为列表定义的那种人。"

"行为准则是我们的成功指南，为成长为我们想成为的那种人指出道路。它不是一蹴而就的，而是持续不断的追求。性格不是你'达到'或者'完成'，它需要你用一生去锻炼。"

"不断地追求。我可以去做。"

"不断重温行为准则有助于避免做出违背性格的事情。达不到完美是常态，但是它防止你因一时的错误判断而丢掉之前的所有努力。"

"一时的错误判断？"

大卫点点头。"如果你不小心，你将因为一时糊涂浪费掉之前的所有努力。我能说出很多发生在领导者身上的事情，他们数年来都做得很好，但是在某一时刻违背了性格上的行为准则。一旦发生这种事情，就很难重新赢得他人的信任。"

"我也看到到类似的例子。去年新闻曝光过，我朋友的上司与他们公司的一位女性发生婚外情——他们公款旅游，上班时间鬼混，所以这是一件大丑闻。在那之前他很受人尊敬，但是事情败露后他被解雇了，而且我相信他在行业内也很难混下去。"

"没错。这种严重违背行为准则的事情使得人们在头脑中和心底很难重建对他的信任。"

埃米莉看着纸上打印出来的行为准则定义。她分别为大卫和自己打印了一份。

"我不会做那种事情，不过我经常没有做到遵循行为准则。上周末我用心陪着亨利，但是昨天早上呢？没有做到。我遇到了一件'急事'——，"她用手指在空中作出引号的手势，"早上7点米切尔给我发了一封邮件。尽管如此我没有回复邮件，因为我知道他说的十万火急往往总是在1小时后，在没人搭理他的情况下奇迹般地什么事情也没有了。整个早上我在为亨利出门做准备时都被这件事分心了。"

"正如我说过的,性格是终生的追求。一旦你明确了行为准则,当你没有遵循它的时候你更容易感受到。不要在内心痛斥自己,而是要试着做得更好。"大卫指着埃米莉打印的行为准则定义说道,"这份列表表达了你的内心,是在这个世界上你觉得最重要的行为准则。一种让你保持负责任的状态的方式就是遵循列表上的内容,在每天或者每周践行的基础上为每一项行为准则分类打分。"

"就像从 1 分到 5 分的打分?"

"是的。1 分是'我相信它,但是我不会照着做'。3 分是'我相信它,有时候会照着做,但是我会犯错'。5 分是'我相信它,大多数时间会遵循'。"

"这周我会完成这些任务的,"埃米莉说,"但是首先我一直想问你一个问题。上次你说将会在三个维度上给出关于诚实的定义。我们已经讨论过行为准则,但是你还没有从领导力角度定义诚实。"

"好问题。你让我刮目相看。我问你,你既然已经完成定义行为准则这么有难度的工作,是否也能定义出领导力中的诚实呢?"

埃米莉没说话。她用整整 1 分钟思考过去几周学到的知识。"是这样,"她开口说道,"根据你让我做的练习,诚实是我真正遵循自己宣称的行为准则生活的程度,换一种表述方式就是,我遵守对自己和他人承诺的程度。"

"真的很了不起。也许你可以写下来,甚至写一篇关于作出和遵守承诺的文章。"

她惊奇地看着大卫:"你怎么知道我又想开始写作了?"

"正好被我猜着了。"埃米莉看了大卫一眼,他继续说道,"很明显你喜欢写作。很少有人像你一样在写日志上花这么多心思。"

"好吧,谢谢。"她的脸涨红了。

"我有没有告诉过你我大女儿是一名作家?"

埃米莉摇摇头。"你没说过。她是职业作家吗?"

"是的,而且是有才华的女作家。"他脸上泛光——埃米莉确定这种表情她也有过,就像是当亨利学会骑"大男孩自行车"的时候她流露出的自豪。大卫身体向前倾,以便活动下身体。"关于性格领导者我还想多说一点,就是为什么人们愿意服从他们。"

"我们稍早之前讨论过,不是吗?因为他们想服从。"

"没错,不过我想补充一点。我们服从性格领导者不仅仅是理智的原因。他们触动人们内心更深层次的部分,情感上或者精神上的内容,并激发人们的忠诚。"大卫停顿了一下又说道,"如果人们因为这个原因服从你,你会有什么感觉,埃米莉?"

"很难想象人们以这种方式看待我。我习惯集中精力领导下属作出了不起的成绩。但是让他们因为我的性格而服从我?听起来让我很胆怯。"

"可以说,这种类型的领导力是不一般的。你成为你自己并锻炼自己的性格,人们也会作出回应。当你遵循自己的行为准则,自然会吸引与你有相似行为准则的人,他们将跟随你。最重要的是要坚持你的性格——这样你将永远朝着你想成为的人而努力。"

埃米莉表面不动声色,内心却进行着斗争。她知道自己希望遵循行为准则——坚定地朝着自己希望的那样努力。但是大卫的话让她望而却步。如果不能成为性格领导者可能是比过去所有失败更严重的事情。如果决定像大卫建议的那样专注于性格领导力,她需要全身心地过一种前后一致的生活。这是一种很庄重的承诺。

埃米莉意识到大卫在看着她,很明显是在等待她的回答。"如果认真思考这个问题,有没有其他结果呢?"她说,"我想成为这种类型的领导者,如果我成为这种领导者,影响力好像自然而然就有了。"

"是的。我其实没想到,相对于害怕失败,很多人更害怕成功。他们自我设防所以不会引起众人的注意。我想知道:正是由于性格的原因,有多少人已经接近成功,但是因为畏首畏尾所以功亏一篑?"

埃米莉点点头:"我不想做这样的人。不过我认为自己最大的问题是,如何避免失败?"

"无法避免。埃米莉,我们是人,是人就会有失败。希望我们大多数时间都能成功,而且避免在性格上出现大问题。"

"那么如何做到这一点呢?"

"有很多方法。第一种方法是在小卡片上写下行为准则并贴在每天能看到的地方。我喜欢把它贴在床头柜上。每天晚上我都会问自己:'今天我在多大程度上遵循我的行为准则?'如果你养成习惯并让它成为你的第二天性,你会一直拥有性格领导力。"

"第二种方法是在生活中选择一位经常观察你并就你的行为给予良好反馈的人。我请两个人监督我并负起责任:我妻子和我的一位好朋友。他们每隔几个月报告一次,我们逐项对照行为准则逐项检查。"

"哇,真的吗?"

"是真的。无论是对我个人,还是对我的婚姻和友谊都很有帮助。"

埃米莉摇摇头表示难以置信。很少遇到一个像大卫这样对人际关系理解如此深刻的人。"我从会杰森开始的。有没有第三种遵守承诺的方式?"

"第三种方式是把你的行为准则卡片给一些关心你的朋友——一些希望你成功的好朋友——请他们定期检查你在多大程度上遵循你的行为准则。如果你做到以上3点,你在性格领导力上成功的可能性非常大。"

"这些方法太重要了。"埃米莉说道。正在这时她的电话响了,是杰森打来的。她知道丈夫没有事情不会打电话的。

"现在讲话方便吗？"

"当然。"

埃米莉站起身走到咖啡馆后边的大厅去接电话。大厅上安装大块玻璃，透过玻璃能看到咖啡馆的座位。埃米莉接听杰森电话时，无意中看到大卫正在眺望咖啡馆外的风景，在周围几乎所有人盯着电子屏幕时，他丝毫没有受到技术的影响。

过了一会儿，埃米莉回到座位上。"不好意思。我想亨利上午过得不愉快。"

"你需要回去吗？"

"不需要，但是你猜怎么着？过去当我接到这样的电话时，一定会急着赶回去。这次我联想到专心致志的行为准则。如果我跟你在一起的时候要专心致志，那么杰森是不是也应该一心一意陪孩子？所以这样说来，亨利是不是也需要一心一意跟父亲在一起？"

"你真是现学现用。你确定不需要赶回去看看？"

"确定。"她把手机放在桌子上，"杰森找不到亨利最喜欢的玩具，一只他从小玩到现在的玩具猴。我知道它在哪里放着。"

"一只猴子，哈？我女儿最喜欢的是只大象，确切地说是只小母象。"大卫的表情好像是在回忆陈年往事。

"你有3个女儿和2个儿子，是吧？"

"是的。哎，其实我有3个儿子，不过马修在2岁时夭折了。"

"我——我很遗憾。"

"时间可以治愈一切，至少大家都是这么宽慰我的。我的行为准则之一就是韧性，我过去、现在和将来都会把它作为最重要的5个行为准则之一，就是因为马修。"

埃米莉伸出手放在大卫的手上安慰他。"谢谢你同我分享这件事情。你有马修的照片吗？"

6. 我想成为什么样的人

"有的。"他掏出一个棕色钱包——埃米莉猜测是人造皮革制成的——并取出一张小照片,照片上的金发小男孩笑容可掬地拿着一个玩具卡车。

埃米莉小心地接过照片,轻轻拿着边缘部分以免弄脏照片。她凝视着照片里的小男孩,感觉照片里有太多亨利的影子。"我能问一下……"

"癌症。"

"哦,"埃米莉把照片还给大卫,"我知道已经过去十几年了,如果我能够做什么,请告诉我。"

"不用了,有它就足够了。"他拿着照片摆了摆手。埃米莉懂他的意思。他们在一起的时间也改变了她的人生。不仅在工作上,而且在婚姻和养育子女上。她正在变成一个更优秀的人。

埃米莉微笑着问:"喝点咖啡休息下?"

他们一起走向咖啡馆柜台。

在排队时,大卫说:"我们带上咖啡出去走走怎么样?离去见我妻子吃早午餐还有半个小时时间。可以随便散散步。"

"好主意。"埃米莉说。

埃米莉和大卫很快收拾好桌子上的随身物品,带上咖啡向博伊西市中心走去。

现在是上午 10 点,埃米莉能听到前面几个街区之外的市场上人声鼎沸。他们两个人边走边喝咖啡,默默地看着身边行人擦肩而过。最后,他们来到市场上。

他们在一个首饰摊前停下来,身体向前倾斜以便看得更清楚些。"我妻子的生日快到了,"大卫笑着说,"但是我不确定她是否喜欢用勺子做成的首饰。"

"我敢肯定她会喜欢的,"埃米莉,"我妈妈喜欢这种风格。"

"是吗?我想我已经不了解女性时尚了。"

埃米莉指着一串用勺子和叉子做的风铃。它看起来有些古朴气息———一种乡村范和现代艺术的结合。

"这串风铃怎么样？"

大卫伸出手敲了下勺子，风铃发出一阵悦耳的叮铃声。"她喜欢风铃。我想待会儿用完餐再回来买，这样她就不会发现给她买的礼物了。"

"计划很周密。"

大卫看到耳坠橱窗后面有一个镜子，用手指着镜子说："嗯，我从来没观察过我的后脑勺。"

"什么？"埃米莉问。

"我从来没观察过我的后脑勺。"

埃米莉注视着他，然后醒悟过来是怎么回事。

"接下来是不是又有知识点了？"

"也许是吧。"大卫说。

"好的，"埃米莉笑着说，"那么，你的后脑勺，你从来没有看见过。"

"是这样，我是一个老年人，所以每三个月我会用两个镜子放在一起看看头上有没有秃顶的地方。但事实上我无法看见后脑勺部分。我利用镜子的二次反射原理观察后脑勺，甚至早晨我看着镜子刮脸的时候，我也不是直接看到我的脸，我看到的是脸在镜子中的虚像。"

"我没有这样想过，"埃米莉说道，"所以……我永远不能像别人看我一样，从真实的、人类的视角看到自己的面容。我们只能通过镜子或者照片才能看到。即便如此，我每天看自己面容的时间也很有限，其他人一整天都可以看到。"

"没错，"大卫说，"我用镜子对性格领导力做一个形象的比喻，因为作为领导者如果没有其他人的帮助，你永远不能认识自己。"

6. 我想成为什么样的人

你需要周围的人发挥镜子的功能。问题是，这个人必须是你信得过、在乎你、希望你成功的人，否则你终将在满屋子的镜子中陷入困境。"

"我需要帮助我始终保持责任感的人，不是提供关于我的不准确的影像从而阻碍我进步的人。"

"是的。"

两个人又一次陷入令人惬意的沉默中。他们随着拥挤的行人走过众多摊位，欣赏各种艺术品和美食。埃米莉终于忍不住打破沉默，问起大卫的家庭情况。他谈起妻子丹妮娅以及5个孩子的情况。

"嗯，我想我是刚才才知道她的名字。"

"很美的名字，不是吗？"

"是的。"

他们愉快地拉着家常，一直走到市场尽头。最后，他们停在一家主要售卖以爱达荷州为主题的艺术品的摊位前。

"我得走了，"大卫说，"我妻子在等着我一起用早午餐呢。"

"你们又约在大城市餐厅吧？"

"当然。那家餐厅的早午餐是博伊西最好的。"

"用餐愉快，"埃米莉说，"下周，老时间，老地点？"

"没问题，到时见。"

他们简短地紧紧拥抱，然后分别走向不同的方向——大卫去开停在几个街区外的汽车，埃米莉又原路返回市场。

市场上的顾客比他们刚来时多了很多。埃米莉留出一点点空间，跟在推着婴儿车的一家人后面，随着拥挤的人群往前走。

那是一家四口，她的生活也将很快变成这样。她把手放在腹部，那里好像刚刚有些显怀的迹象。

埃米莉感觉很好，很坚强。她正在朝自己和家人理想中的生活奋斗。她尽一切努力活成命中注定的样子，这好像也是第一次在她工作和家庭生活中出现的状态。

她想起几个月前，一次会议之后她与男同事们站在会议室里。他们用过的咖啡杯，横七竖八的椅子。她那时候怎么也想不到，她发起的抗争与其说是针对这些男同事，倒不如说是自己内心的斗争。

但是那种状态并没有持续很长时间。她的怒气渐消，取而代之的是希望，因为现在她不再一味追求升职，而是追求遵循行为准则生活。她希望获得影响力，而不是权力。她知道——她刚刚认识到——如果忠实于内心的欲望，不再专注于如何晋升，她在公司一定能取得进步。

但是目前她需要和米切尔再谈一次，尽管会很困难。他必须明白他的偏见是行不通的。但是什么时候谈？如何谈？

埃米莉走到自行车前，打开车锁，戴上头盔。杰森和亨利还在等着她，而她也迫不及待地想同他们分享上午发生的事情。

⑦ 下一步，成为一个专家

埃米莉提前 10 分钟来到咖啡馆，在点餐前先到二楼找座位。按照大卫平时的习惯，她想着会比他早到一会儿。但是她错了。

"大卫！"埃米莉喊道。

大卫笑了。"看到我已经来了，很意外吧？"

"我——我意思是说，倒不是意外。通常你都是稍微……晚到一会儿。"

"严格守时可是我的习惯，前段时间没坚持好，不过已经重回正轨。今天感觉怎么样？"

"在这个小家伙生下来前不会轻松的，"她笑着说，"开个玩笑。但是说真的，我开始从积极的方面看待孕吐。"

"很高兴你能这么说。"

"好的。"她把手放在腹部，接着说，"是时候告诉米切尔和我的团队了。"

"你已经想好怎么谈了吗?"

"嗯。要是放在几个星期前,我会说没想好。但是现在我感觉——怎么说呢? 我对自己,对我的行为准则和我的影响力都有信心。所有这些使我对怀着的孩子也有信心。现在家庭生活和工作状态都是我想要的,"埃米莉顿了下,继续说,"杰森也感觉更有信心了。"

"哦,是吗?"

"是的。你之前教给我的所有知识,我都把重点跟他分享了。我想关于生二胎他比我更紧张,部分原因是他有时候承担了更多养育孩子的责任。但是我有信心,促使他也增强了信心。我们两人都在不断进步。"

埃米莉说自从上次与大卫见面后,她与杰森坐在天井院里深入谈了一次。亨利之前几个星期身体不舒服,所以这是夫妇二人一段时间以来第一次坐下来好好说说话。埃米莉详细讲解领导力的第一个维度即性格,杰森若有所思地看着她说:"怪不得感觉你最近有一些变化,我还纳闷究竟是怎么回事。"

"这是最好的赞美,"埃米莉对大卫说,"他看了我的行为准则列表,之后他也照着写了一份。我们聊了我们的工作,聊了这个孩子对我们的生活意味着什么。这是几个月来我们之间最有意义的聊天。"

大卫笑容满面。"听你这么说我太高兴了。"

"我也是的。好了,聊了这么多开心事。我去点一杯咖啡,之后我们就进入正题吧。"

几分钟后,埃米莉回到楼上,坐在大卫对面的长条桌前。

"专业领导力?"她问。

"没错。"

埃米莉冲他点点头。"照单全收。"

大卫笑了。"好吧。比如说你性格很好,但是如果没有技术或者知识,也不会有公司聘请你,"他说,"你必须有能力作出一定成绩。专业领导力是因为你能做到或者知道从而具有影响力。人们给予你权力——如果你知道如何处理人们需要处理的事情或者能解决人们面临的问题,他们将把你当作专业型领导者从而心甘情愿接受你的领导。"

"就像为我服务的产科医生,或者机修工。"

"正确。"大卫说起最近去看医生的经历:他去皮肤科做常规检查,医生在他鼻翼处发现了问题。医生穿过房间取来医疗设备,大卫后来知道她拿的是喷灯,喷灯用完还要用液氮,液氮的温度在零下321华氏度(约合零下196摄氏度)。大卫需要作出决定:能不能信任这位医生?大概有一周时间,他不确定自己的决定是否正确,因为他的鼻子上有一个大伤口,愈合得不太好。

"事实上,这个伤口看起来比医生处理前还要糟糕。但是现在一切都好了,所以今天,我很高兴当时给予她信任。"

"因为她是皮肤科的专家,"埃米莉说,"但是你不可能相信她能治疗你的牙齿。"

"没错。我还知道她不是自然治疗方面的专家。我之前也遇到过医生给我开我不需要的处方药,或者不是特别需要的处方药,所以后来我意识到有些事情可以信任医生,有些事情不能听他们的,或者至少在贸然接受他们意见之前要做一做功课。"

"当然,那也是我在很多医疗机构看病得出的经验。但是我们的儿科医生作为专业领导者经常出乎我们的预料。我曾经带给她一份科研论文,她不仅花时间读了,那周稍晚时间她还专门打电话给我进一步讨论。她甚至同一位自然疗法领域的医生合作以找到更多用自然方法治疗病人的方法。"

"看来她尊重你,并愿意承认自己也许并不是一切事情都知道。"

"我认为她是把专业和性格结合得很好的领导者。"

"也就是说，我们之前把它们作为单独的事物来讨论，但是现实中又不能把它们分开。它们在一起起作用。你还能想起其他关于专业领导者的例子吗？"

"我的会计师。我听他的话是因为我信任他，我还知道他人品很好，如果他有什么建议，我不会提出异议，我知道他是为我好，在这一点上他和我的律师一样。"

"完全正确，"大卫说，"在工作上也是如此。负责市场、设计新型芯片或者管理跨职能团队——他们都是专业人士的代表。他们本身可能有职务或者头衔，但是我们不是因为他们的职务而服从他们，我们承认他们的影响力是因为他们掌握某些知识或者能完成某些任务。所以，这是第二个维度——专业领导力。"

"太好了，大卫。但是你曾经说过我们也会在这里讨论诚实的定义。"

"你的思路很清晰。"

埃米莉笑了。"因为我在跟随最优秀的人学习。"

"专业领导力中诚实的第一种定义是，我的专业知识是否真正为他人创造真实的价值？它是否改进某人的生活，解决了某个问题，或者以某种方式帮助他们进步？如果不能为他人创造价值，就不能真正称之为领导力专业知识。"

"有道理。"

"专业领导力中诚实的第二种定义是，你是否一直走在最专业、最前沿并始终保持关注？你是否一直在学习新知识？在专业知识上做到诚实意味着紧跟时代。世界变化太快，不能依靠昨天的过时知识。"

"确实如此。前几天我正好读了一篇文章，其中说到人类知识每12个月增长一倍！在我工作领域，如果我不一直坚持学习，我将很快跟不上时代。"

7. 下一步，成为一个专家

"我想前几天我在里这喝咖啡时也读过那篇文章。你看过另一个预言说人类知识最终将每 12 个小时增长一倍？这个预言甚至会在你的有生之年成为现实。"

埃米莉摇摇头表示很难相信。"所以有 2 点：创造价值、紧跟时代。诚实在专业领导力是否有第三个定义？"

"有。第三个定义是，你是否正在寻找其他方式创造新的专业知识，从而让你在团队、公司、上司、客户——或者其他任何人中更有价值？"

"你的意思是？"

"嗯，你的团队中是否有正在研究社会趋势的同事？他们可能对公司未来的成功或者失败产生直接的影响。"

埃米莉想了一会儿。"想不出来。你说的趋势指的是什么？"

"有些趋势很强大以至于通过这种或者那种方式影响我们所有人。其中一个趋势是人口统计资料，像代际更替——更年轻的领导者进入职场。其他趋势有医疗卫生或者全球化。任何一个趋势将对你的公司或者行业产生巨大影响。你学习新的专业知识的方式之一就是确定将对你公司未来产生影响的趋势，至少是从现在起 5 年或者 10 年后的趋势。然后，你就可以开始在这些领域学习专业知识了。如果你这样做，如果你在一些合适的时机说出来，并指出你已经研究过这种趋势，你是否认为这样会让你更有影响力呢？"

"我认为会的，"埃米莉回答，然后笑着说，"并且他们可能因此听一个女性同事的话。"

大卫也笑了。"很有可能。"

"OK，所以我要确定哪些领域是我已经擅长的，并找出方法来深入发展这些领域。我还要研究影响公司发展的趋势。现在我只需要搞明白如何达到上述目标。"

"我的这个建议请你认真考虑。其实它和人们攻读博士学位的过程一模一样。当你攻读博士学位时，基本上需要经过3个阶段。"

大卫详细说明博士期间的3个阶段。第一阶段，研究其他有思想的领导者——阅读或者聆听被认为在领域内掌握先进知识体系的人的教诲。第二阶段，着手写博士论文，问题是你将如何为领域内已经存在的知识体系增添新知识？一个博士生需要通过学术论文、实验和若干研究后提出新观点，从而在专业知识领域提供新的思考、知识或者创新。

读博士的第三阶段是把论文提交给行业内同事或者专家以听取意见建议。审阅者需要评判该论文在科学上是否成立并在学术领域内真正有创新思想。攻读博士的过程就是这三个阶段的结合。

"作为专业知识中不断进步的诚实的一部分，如果你决定每3到5年自学攻读博士学位会怎么样？"大卫问道，"你可以选取一个目标领域，在这个领域里你希望获得专业影响力并且比公司其他人研究得都深。你要制定自己的战略学习计划，学习领域内有思想的领导者的所有著作，思考他们的观点。"

"经过一段时间，你将在你研究的专业领域提出一些新理论或者新观点。你将测试它，为它做实验，然后请你尊重的业内专家检验它，然后评论你在领域内是否取得新成绩。"

埃米莉开始发散思维，试着开动大脑想出可以聚焦哪个领域。突然，她想到了。"促进技术领域女性发展。"

大卫在椅子上坐直身子。"说得再详细些。"

"我喜欢研究女性面临的挑战，她们的优势以及行业如何支持女性走上领导岗位。"

"很不错，埃米莉，真的很棒。那么，你如何成为身边对这个话题最有发言权的人？"

埃米莉建议说首先列出在技术行业女性这一话题上有思考的领导者，然后了解他们的观点，还可以参加有他们做演讲的大会。"我

7. 下一步，成为一个专家

甚至可以直接找到他们中的一个人，问他是否愿意辅导我，因为我也想成为这一领域的专家，"她说，"我同时也在思考，我参加的那个女性领导力小组可以很好地发挥平台作用，可以继续探讨我已经学到的知识，并就我的观点接受大家的质疑。"

"很精彩的想法。一定要把这些变成你将采取的一系列清晰的措施和行动。务必问自己三个问题：第一，谁将从中受益？专业技术中的诚实始于为他人创造价值。"

"OK，明白了，提醒得很及时。不仅仅是提醒我自己——也是提醒我的公司和其他女性。"

"第二，你要问自己如何紧跟时代。你已经通过学习并当面请教有思想的领导者这一方案来回答这一问题。第三，未来我能创造哪些专业知识？"

"我现在还不确定能回答所有问题。"

"没关系。只有你发现那里缺少什么，你才知道能创造什么。我相信只要你投入学习就会有收获。"

"我对这些措施的不确定性持开放态度，"埃米莉说着，然后摇摇头，"我从没想过会接受不确定性。我通常都会知道要去哪里以及如何去到那里。对我来说这是新生事物。"

"开放是好事情。这说明你在成长。"

"我也觉得比以前有进步。"

埃米莉看了下手表。"哇，已经10点45分了，今天不用去市场吗？"

"丹妮娅在忙一些事情，所以我们约在11点见。"

"也就是说我们还有时间讨论第三个维度？"埃米莉身体前倾。她想尽可能抓住一切机会向大卫学习。他们之间的聊天很精彩，但是她希望能经常见面。她学得还不够快。

"今天不行。我希望你想清楚在专业影响力方面如何发展。根据你汇总在一起的学习计划,下次我们或许可以讨论职务领导力。"

埃米莉身体靠向椅背,没有掩饰自己的失望。"下周我会完成的,我向你保证。我渴望学习最后一个维度。"

"我不得不离开了。"大卫站起来,埃米莉也跳起来陪着他走到门口,把日志本和手提包留在座位上占位置。

她注意到大卫走路稍慢,但是眼袋消失了,看来最近休息得不错。她不得不提醒自己他已经年届七旬——但是这些天同他坐在一起,感觉是在和一位思维敏捷、神情专注的40多岁的中年人聊天。他的身体可能老态,但是毫无疑问他的心智没有。

他们来到咖啡馆外,呼吸着初夏早晨温和的空气,埃米莉说:"大卫,我想问下,"——她有些犹豫,看着街上行人朝市场方向走去,然后又看向大卫,"下周亨利过生日,你和丹妮娅能来参加他的生日派对吗?我真的想邀请你见见我的家人。"

"我很荣幸,"大卫毫不迟疑地说,"什么时候?"

"下周二下午4点钟。"

"我们会去的。"

埃米莉嘴角泛起笑容。"我已经等不及了。"她伸出手握住他的手,"再次感谢,大卫。这些天的聊天对我帮助太大了。"

"我也一样。"他轻轻握了握埃米莉的手,转身离开了。

埃米莉看着大卫的身影走向博伊西市中心,然后回到咖啡馆。突然,她胃里一阵翻腾,感觉马上要吐出来。她半跑半冲刺地穿过咖啡馆来到洗手间。

十几分钟后,她擦擦脸,洗了洗手,看着镜子中的自己。她的脸色苍白,但是眼神明亮。至少她的虚弱有一个很好理解的原因。

埃米莉回到只剩一个人的座位上,坐在大卫刚才坐的位置上,取出日志本。半个小时后,她看着写好的战略学习计划。成为技术领域女性专家需要付出很多,但是她知道这值得自己去努力。

她的脖颈有些酸痛,她尽可能把头往后仰,然后下颌靠近胸口,头向左右晃动。她已经不习惯用手写字,正好可以换一种坐姿,不用坐在电脑前双手敲击键盘了。她看着日志本,查看刚才写下的内容。

战略学习计划:

1. 确定技术行业女性领域有思想的领导者,特别是技术行业女性领导者。创建一个包括他们姓名、影响／研究领域,领域内贡献的简述(研究、行为等)、著作清单(书籍、文章、谈话等)的研究文档。

2. 把我想近距离学习的人的范围缩小到10人以内,用1到2周时间深入研究有思想的领导者。

3. 找到最引人注目的有思想的领导者并请求她做自己的导师。如果她拒绝,找另外的领导者。同导师见面或者参加有她演讲的会议。

4. 思考我将对这个领域作出什么贡献(发表演讲,写文章……书)?

三个问题:

1. 谁将从中受益?我学习专业知识将为公司带来最新知识,所以将直接使公司受益,特别是公司女性同事。当我成为一名专家时,我可以影响公司内部的政策,以便更好地支持女性。我希望有朝一日也能对我公司以外的科技界女性产生影响。

2. 如何紧跟时代?除了跟有思想的领导者学习,我将不断了解与技术领域女性相关的新闻。

3. 将来我将学到什么新的专业知识?我不知道,但是我持开放态度。

她利用手机上的扫描软件扫描写在日志本上的学习计划并把它发到大卫的邮箱里。邮件的主题是"埃米莉的博士学位自主学习战略计划"。

埃米莉看了下手表。15分钟后杰森和亨利将与她在市中心见面,她要尽可能地利用当前的一点空闲时间。她把手机放到一边,把手表调整到免打扰模式,望着窗外陷入了沉思。

没有打扰,没有技术,只有她和她的思绪——就像她遇到的最伟大的领导者大卫所做的练习一样。

8

让我们来讨论结构领导力

埃米莉坐在会议室里，对面是正在手提电脑上写邮件的米切尔。她在等着他忙完后开始谈话，之所以约在会议室是为了省去米切尔的转场时间，因为半小时后他还有另外一个会。在静静等待的时间里，米切尔敲击键盘的嗒嗒声响彻整个房间，埃米莉有一种想伸手在包里掏出耳塞，戴在耳朵上杜绝噪音的冲动。

米切尔至少有十几次敲击删除键，他抬起头说："很快就好了。"

"不着急，慢慢来。"埃米莉说道。

她透过会议室的窗户看向博伊西市的全景。今天上午这座可爱的城市特别美丽，群山苍翠，山脚下却透出一抹暖绿。周末去爬山绝对是个好主意，还有野花和绿草，但是她知道过敏的身体不允许她这么做，另外孕吐也可能让她打消这个念头。

当然，她必须记住不能对米切尔提起自己怀孕的事——当然会很快宣布消息，但是现在还没有完全准备好。

埃米莉瞥了一眼米切尔，他还在忙着写邮件。她站起身，走到窗边，眺望楼下的街道。今天早上人们似乎都不急着赶路，她看到一对夫妻在遛狗，手里还拿着咖啡。在他们后边不远处有一位晨跑者，从这对夫妻的左边超过他们。一位父亲手牵着一位刚学会走路的小女孩，她看到这位父亲蹲下来与女儿说话，然后站起身，一把举过孩子让她骑在自己的脖子上。看到这种情形埃米莉笑了，她想起杰森和亨利，还想着家里马上新增加的成员是不是一位女孩。

"OK，我……马上……搞定。"米切尔说。埃米莉回到自己的座位，他合上电脑，"不好意思。"

"不客气。又扑灭了一次大火？"

"不是大火——只是与有可能发生的公司并购有关的事情。"

"明白。"

"那么，今天找我想谈些什么？"

埃米莉不易察觉地吸气、呼气，吸入她需要的勇气并且呼出胆怯。"我想问你一些问题。第一，你能否告诉我，在能源技术公司我作为一位管理者和团队成员，有哪些优点？"

米切尔盯着她看了一会儿，似乎试着搞清楚这究竟只是一个寻常的问题还是另有隐情。最后他说道："嗯，你在公司的表现很优秀。我看重你的地方之一是我能依靠你完成任务。你有干劲，有热情，坦率讲甚至可能超过我。"他停下来想了想后继续说："你也很聪明，这是公认的。你善于思考，我注意到你正在往领导者和成功者的方向发展。"

埃米莉对他的赞美有些不自在，但是保持住镇静。"嗯，米切尔，我不知道该说什么。谢谢。"

米切尔点点头，埃米莉继续说道："现在，第二个问题：我怎么做才能进步？"

米切尔思考了更长时间。他拿起笔，用两只手握着，就好像里面藏着答案一样。他终于抬头看着埃米莉:"我想最重要的事情是让别人也成长。我知道我可以依靠你,但是我并不是一直觉得可以依靠你的团队。我注意到你有时候替他们做他们未完成的事情,不过我希望看见你激励并教导你的下属能像你一样出色完成工作。"

埃米莉一边点头一边思考米切尔的话。她知道如果想让米切尔听她说话,很重要的一点就是认真听米切尔说什么。"我不知道你有这样的看法。不过我想你说的有道理。有时候我确实在替团队成员兜底,其实把事情推回去让团队成员负责并帮助他们正确完成任务,我会更轻松。我担心在工作中失职,但是有时候也许应该策略性地失职一下。"

米切尔身体前倾,肘部放在桌子上,两手交叉,拇指撑起下颌。"为什么问这些问题?"

埃米莉注视着他的眼睛。"我一直试着理解我们上次的谈话。为什么我的男同事们升职了而我没有。"

他坐直身体,手掌平放在桌子上。"我也一直在思考我们的谈话。"

"你能理解我的疑惑吗? 我认为十次有九次我都比他们做得好。"

"你很有能力,没有人怀疑这一点。不过我想说,我担心——领导们担心——你在两个世界中左右为难,所以升职或许不是最好的选择。我们宁可让你在目前岗位上游刃有余,也不希望提拔你然后看着你因为不能胜任而失败。"

"我过去的哪一点经历让你觉得我会失败?"

米切尔低下头思考。"我想没有。"

"你对那些有孩子的男领导有没有同样的担心?"

他惊讶地看着她。"不,不,我不担心。"

"难道你不是从能否在工作上承担更多任务,或者能否完成所有工作的角度来决定我是不是合适人选?"

米切尔迅速看了她一眼,然后侧身看着窗外。

"米切尔？"

他转过头看着她。"我在听。"

埃米莉保持坐姿，缓缓说道："你还好吧？"

"我明白你的意思了。你认为我歧视你因为你是女性。"

"不，我不是认为，"埃米莉迎着他的目光，"我知道就是歧视。"

米切尔脸色紧绷，眉头紧锁，下颌紧闭。埃米莉毫不回避地注视着他。过了整整一分钟，空气似乎都要凝固了。突然，他脸色缓和一些，下巴也放松了。

"从表面看，你没有被晋升似乎被认为是……歧视。"他紧了紧衬衫领口，她几乎感到对不起他了，"请相信我从来没想过歧视你。"

"但是你的行为是的，米切尔，这是事实。我现在落后其他男同事好几年，因为你和其他领导认为做母亲是个负担。不能因为我是女人就对我采取不同的标准。"

米切尔低下头思考。她不确定他是更关心她，还是如果自己举报他歧视，他会有什么后果。米切尔在椅子上晃来晃去，两人之间尴尬气氛越来越浓。终于，他说道："你想要做什么？"

"好吧，米切尔，我来这里不是找你麻烦的，而是想改变你的看法。我希望改变这种状况，不只是为我自己，而且也为了其他女性。我希望你能支持我，"她停下来，等着米切尔抬头，"但是如果状况没有改变，我会毫不犹豫地举报你——还有你上边的人。"

米切尔又转身看着窗外，两人再次陷入沉默。最终他说道："说这件事时你怎么会如此冷静？从你的角度来说，我难以想象你没有对着我大吼大叫。"

"我学会用理智领导，用情感服从，"她说，"老实说，我也快疯掉了。我现在还在抓狂。我只不过是选择在合适的时机同你谈话。"

"用理智领导，用情感服从，"米切尔重复道，"我喜欢这句话。"

8. 让我们来讨论结构领导力

"我从一位很有智慧的朋友那里学来的。"

两人站起来，埃米莉走向门口。在她退出房间走向自己办公室时，米切尔喊住她："埃米莉？"

"什么事？"

"我会好好考虑你的话。"

埃米莉张着嘴想说话但是没说出来。两人都不说话，对视了一会儿。最后，她点点头，米切尔轻轻挥挥手示意再见，然后坐下来准备接下来的会议。

埃米莉回到办公室，关上门，背靠着凉凉的门板站立。跟米切尔摊牌会不会起作用？现在还不能下结论，但是最起码她施加了影响力。

———

埃米莉环顾四周，默默查看亨利的派对还有哪些事情没有做。微波炉上的时间显示现在是 3 点 42 分。开放式厨房里，食物都已经准备好了：她最拿手的菠菜慢炖和浸洋蓟，从农贸市场买的新鲜草莓和西瓜，各种各样的奶酪和饼干，以及杰森做的她最喜欢的巧克力蛋糕。儿童戏水池已经充好气并注满水，杰森和亨利正在天井院里往冷藏箱里装冷饮。房间里悬挂着彩带，礼物也已经包装好。现在要做的就是等待。

她为什么如此紧张？一般客人都会到来，但是今天有两位新的宾客：大卫和丹妮娅。夫妇二人的名字第一个字母都是"D"，她之前没注意到这是头韵。不管怎么说，就她所了解的情况，他们夫唱妇随，恩爱包容，所以这种头韵与他们夫妇很契合。他们的婚姻，起码她看在眼里的，就是她希望去效仿的对象。

后门滑开了，让她从思绪回到现实，杰森和亨利走进来。她蹲下来亲吻亨利的额头。"宝贝,你对你的派对感到高兴吗?"

"是啊!我能吃点巧克力蛋糕吗?"

杰森笑了,埃米莉摇摇头。"我们等客人到了之后再吃吧。"

"我能在窗边等着吗?"亨利兴奋地扭动身体说道。

"当然可以,今天你是小寿星。要是看见客人来了,记得告诉我。"

埃米莉和杰森看着儿子跑到前厅,站在大飘窗前,看前院是否有动静。

"你还好吧?"杰森问道,他靠在厨房洗理台上,右胯挨着柜台边缘,"我看见你一直站在厨房发呆。手里拿着这包薯条足足有5分钟。"

"嗯?"埃米莉低头一看,很惊讶,然后打开包装把薯条倒进一个空碗中,"哦,是的,我没事。"

杰森从埃米莉手中接过空袋子,丢进为客人准备的垃圾桶里。"大卫今天来你有点儿紧张,是吗?"

"是的,"她看着他的眼睛说,"不过我想更多的是激动。"

"我理解你会激动,但是为什么紧张呢?你们不是见过很多次面吗?"

"我们只是去咖啡馆或者在附近走走路。所有聊天都围绕工作展开,偶尔会说些题外话。但是到咱们家里来?见到你?我还要见他的妻子?我不知道,就是感觉不一样。"

"我知道你很尊重他。但是你要知道,他能来是因为他也尊重你。所以放松一些。"

"我明白。你说得对。"她夸张地迅速摆了摆身体,然后笑着说,"我把紧张情绪赶跑了。"

杰森笑着握了握她的胳膊说道:"很好。"

这时候,门铃响了。埃米莉的父母站在门外,两人都带着礼物。他们的到来好像为其他客人带了个头,大家陆陆续续来到埃米莉家,屋子里很快有将近30位宾客。终于，大概4点15分，最后的客人到了。

"大卫！"埃米莉开门后打招呼，"你一定是丹妮娅。这是我丈夫杰森，还有我儿子亨利。"埃米莉伸出手，但是丹妮娅热情地拥抱了她，之后同样拥抱了杰森和亨利。

大卫同杰森握握手，然后蹲下来说道："那么你一定是今天的小寿星喽。"

"大卫告诉我很多关于你和你的家庭的情况，"丹妮娅说道，"我感觉我们已经认识了。"

杰森说道："我也有同样的感觉。"

"我也一样。"亨利跳着喊道，拳头向空中挥舞着。

"哦，我差点忘了！"大卫说道。他从丹妮娅的手提包里拿出一个包裹。"这是送给你的，亨利。"

"礼物！"亨利接过大卫递过来的礼物，高兴得跳来跳去。

"宝贝，你可以把它和其他礼物放在一起。"杰森说完看着大卫和丹妮娅："谢谢你们的礼物，你们能来我们很高兴。"

埃米莉引导着大卫夫妇来到客厅，把他们介绍给她的朋友和家人。她注意到大卫和丹妮娅之间有一种特别的能量，她在自己的生活中只有少数几次感受到这种能量。这是一种尊重？满足？没错，但是还蕴含着别的东西。

丹妮娅笑容满面地挽着大卫的胳膊，埃米莉明白他们之间共享着什么了：舒适和善意。很明显他们不仅彼此相爱，而且都把对方看作生命最重要的人——不仅比其他人，而且比自己重要。倾慕。她对杰森也有这种感觉，但是不确定自己是否如此公开表达过这种感情。

很快到了巧克力蛋糕和拆礼物环节。客人们聚在一起为亨利唱生日歌，看他无比粗暴地拆礼物。

一小时后，参加生日派对的客人已经走得不少了。丹妮娅与埃米莉的父母谈兴正浓，杰森和一些好朋友坐在天庭后边闲聊着，孩子们在儿童戏水池旁玩耍。埃米莉站在厨房，透过窗户看见亨利正在把水溅起来。

大卫走到埃米莉身边。她转过身看着他，指着天井院。

"童年是不是很美妙？"

大卫点点头。"当然是的。童年充满欢乐。谢谢你邀请我们来。"

"你们能来我真的很开心。"

"我也是。"

两人都没说话，看着孩子们跑过洒水器，然后跑回戏水池。大卫最终打破了沉默。

"我知道今天不是'公务'时间，"他说，"但是我还是忍不住想问：你和你上司谈过了吗？"

一周多以来，埃米莉一直没有告诉大卫她和米切尔的谈话情况，期间她还给大卫写过好几封邮件。她觉得当面告诉他当时谈话内容会更有趣。派对基本接近尾声，其他每个人都在忙着，所以看来现在聊这件事很合适。

"谈过了。我正想着告诉你呢。我们坐下来谈？"

大卫点头同意，他们穿过天井院，坐在柳树下的一条长椅上。

坐下后不到1分钟，埃米莉开始讲述她的故事。她回忆了同米切尔的谈话以及他出人意料的反应。她讲完时，脸颊因为自豪和兴奋而微红。尽管当时是一次很艰难的谈话，但是她知道自己完成得很好。她在正确的时间与米切尔对话，她做到了用理智领导，用情感服从。

"昨天，我告诉他怀了这个小家伙。"她继续说道，拍了拍已经显怀的肚子。"之前我怀亨利时，告知米切尔时谈话很尴尬，这次不是的。可以说米切尔特意没有很反常的举动，他甚至恭喜我，并说会努力确保团队成员在我休产假时做好工作。"

"哇。有这种态度对他来说可不容易。"

"我知道,我觉得已经说出我想出的话,我已经证明了我自己。我指出了他思想深处的偏见,他也承认了。坦率地说,这个孩子来得正是时候。"

"为什么会出现这种结果?"大卫问。他安静地听着她说,给她一个放松的空间。

"嗯,这一次我最开始发现怀孕时,觉得是我事业上的一道坎。不要误会——我当时也很高兴。我只知道孩子对其他职业女性意味着什么,或者换句话说,男性领导者会因为职业女性怀孕而如何看待她们。当时怀亨利已经很难了,何况会有两个孩子?我当时真的是……有些不知所措。现在,我觉得可以稍稍松口气了。不用再猜疑、掩饰时,工作也很顺利。从某种程度上讲,这是一次很好的挑战,一次检验米切尔和公司如何应对的机会。为了进步我已经做了我所能做的一切事情,现在就看他们的了。"

大卫看着埃米莉,好像在思索合适的话题。他们沉默了好长时间,埃米莉热情地笑了,大卫也报之以微笑。突然,她看到大卫脸上满是自豪,突然感觉鼻子一酸。对她来说整个过程太难了,但是现在她意识到大卫始终和她站在一起。同米切尔的谈话在她看来是一场胜利,她正在思考如何同她的导师大卫相处。

他们的友谊是常见的,一种朋友和父亲、兄长和知己的混合体——一种很难说清楚但是很容易感觉到的情感。

两人同时转身看向外边,孩子们现在正挤在门廊处,裹着毛巾吃西瓜。埃米莉鼻子依然发酸,过去几个月累积的情绪正处在临界点。

她听见大卫清了清嗓子。"埃米莉,"他转过身再次看着埃米莉的眼睛,终于说道,"我真为你感到骄傲。"

埃米莉的眼泪夺眶而出。她掩面而泣:"讨厌的孕激素。"

大卫眼圈也红了,他迅速眨眨眼睛,用食指擦擦右眼。"我可没有这个理由。"他说道。

埃米莉笑着说:"好吧,情绪释放出来就好多了。我们出去看看派对进行得怎么样了。"

"好的,一起过去看看你的孩子。"

———

派对之后的这个周六,埃米莉刚刚把自行车停在慢慢咖啡馆外面,正好看见大卫从远处走过来。她招招手,走过去打招呼。

"早上好!"她问候道。

大卫也招招手。"早上好!"

他们一边走向咖啡馆一边讨论亨利的生日派对。埃米莉说亨利超级喜欢大卫和丹妮娅给他买的书。他们点好咖啡,选择站在旁边等候而不是让店员端给他们。

他们选择一个两人位的桌子,埃米莉看着大卫说,"OK,距离上次领导力的课程已经很长时间了。"

大卫咯咯笑了。"说得好。"

"上次我们学习了专业领导力,后来我把战略学习计划发给你了。"

"是的,我也想谈谈你的计划。不过在谈之前,有没有其他最新的进展?"

"有一些。第一,我们善意的共谋越来越有影响力。凯伦是第一个领奖人,并且我们已经确定接下来的两个人选。我们一直专注于鼓励职场新人或者刚走上领导岗位的人。我希望我的团队中有人能很快获得荣誉。我们团队的工作目前还没有进入常规的节奏,但是我知道我们会做好的。"

8. 让我们来讨论结构领导力

"很好。你的自由支配时间呢？"

"有点困难，不过已经有进步。现在平均每周有 3 天时间可以做到提前到达。"

"为什么做不到每周 5 天呢？"

"我只是太累了。"埃米莉说，她的手放在胸口。"我觉得我需要把自我保护放在第一位。我正试着找到一个平衡点。"

大卫歪着头思考。"哈哈，真是太奇妙了。"

"什么太奇妙？"

"我很容易从自己的经历和经验观察世界。因为我从来没有怀孕过，所以完全忽视这种体会。谢谢你帮助我从另一个角度了解控制范围内的工作。"

埃米莉故意低着头鞠了一躬，逗得大卫哈哈大笑。"好吧，你的'博士'目前读的怎么样了？"

"我马上会有一个书单——还附有相关文献说明。目前在书单上有 13 种书，不过我正在努力再确定至少 13 种书目。"

"做得好。顺便说一下，你的学习计划无可挑剔。"

"真的？尽管还不太完善？我还想着要再增加点什么内容呢。"

"会有机会的。从一开始几乎不可能掌握得太多。"

"好吧。最近还有一件事。准备好听我说了吗？"埃米莉眯着眼睛，眉毛扬起，好像在分享一个天大的秘密。大卫点点头。"米切尔提拔了塔拉，我团队中的一个女下属。塔拉早就应该升职，我想相对于我自己的晋升，我对她的晋升更兴奋。"

"好消息。"

"真的是好消息。最关键的是她还有 3 个孩子，最小的孩子还在襁褓中。我非常确定这是公司历史上从没有过的事情。"

大卫摇摇头表示佩服。"难以置信。说完这个消息，我想现在该讨论领导力第三个维度的诚实了，也就是职务领导力。"

埃米莉高兴得直搓手。"终于到了！好的，我们已经讨论过两个维度：性格领导力和专业领导力。现在我们说一说职务领导力。你之前是不是称它是结构领导力？"

"是的。职务或者结构领导力。"

"我已经准备好了。为了学习它我已经等了好几个月了。"

大卫身上透着一股企业高管的风范：身体坐得笔直，肘部放在桌面，两手合拢交叠。他说话时目光犀利。"要记住第一点，根据结构领导力的观点，人们服从你是因为你的职务，而不是你本人。他们接受领导是因为你在公司的职务所附着的力量和权利。职务越高，他们就会越追随职位而不是职位上的人。而职位不得不授予需要承担它的人，因此职务领导力总是建立在外部支持的基础上。"

"OK，所以要聘任一个CEO。但是假如是CEO创立了公司呢？没有人给他们这个角色——没有人支持他们。"

"即使是公司老板，要想担任这个职务也需要得到所在州法律规定的许可。"

"嗯，说得好。关于职务领导者的另一个例子是不是美国总统？"

"正是。"

"嗯，有道理。职务领导者需要得到外部的支持，人们接受职务本身而不是担任职务的那个人的领导。会不会存在一种可能，即人比职务变得更强大——，或者，我想说的是——更重要？"

"一位职务领导者说的话，他们的行为，他们如何表现自己——所有这些都会被放大，要么更好，要么更糟。所以，如果你说话得体，有正面的风度和仪态，你将顺理成章地赢得好名声。如果你说话不得体，风度和仪态是负面的，你也会名声在外……这对服从你的人来说是一种伤害。"

埃米莉没有说话，她一边听大卫讲一边记笔记。他解释说职务领导力是暂时的，它不会永远属于你。每个人最终都将失去职务领

8. 让我们来讨论结构领导力

导力，有时候是因为糟糕的表现，因为他们令其他人失望，有时候是因为继续往前走；也可能是他们得到其他机会，退休或者有其他原因，但是不管是什么原因，所有人都将离开。

"我能跟你说说我的故事吗？"大卫问。

"请讲。"埃米莉回答说。

大卫说当年他担任 CEO 时经常到世界各地出差，进行常规性实地检查。他出入乘坐豪华轿车，入住配有鲜花和巧克力的套房。在享用丰盛大餐时身边总是围着一群试图讨好他的人，开口闭口总是尊称他"先生"。尽管是高规格接待，但是大卫知道这不是因为他，而是因为他的职位。他本身不是职位，他只是占着这个职位。

"后来退休时，我告诉我们的领导团队：'不出半年，你们将不记得我是谁。而且很确定的一点是，我将不能胜任这份工作，因为事物变化太快，而我也无法接触到最新的东西。'人们用了大概 6 个月才在心里接受我不再是领导者，我开始被另眼看待了。"

"他们当然不会忘记你。"

"那倒没有，不过他们忘了我曾经担任过 CEO。他们最终像朋友一样亲昵称呼我戴夫，而不是他们的领导大卫。"

大卫继续讲，说有一次和妻子外出度假时住在他任 CEO 时多次入住过的酒店。当他到达酒店时，不仅没有人认出他，而且他们的房间状况百出，问题不断。他妻子因为没有预约而被拒绝 SPA 服务——尽管她提前 3 个月就预订过而且还有预定邮件为证。酒店没有觉得不好意思，而且当房间问题解决后，酒店也没有最起码的装腔作势的道歉以弥补发生的遗憾。尽管是一次令人失望的经历，但是当行李员看着他们把行李装进停在酒店前租来的汽车时，大卫还是大声笑了出来。

"有什么可笑的事情？"埃米莉问。

"在发生这件事的前一年，我有一位很重感情的同事，后来做了我入住的这家酒店的经理,他每天给我送一个礼品篮,里面是他手写的便条以及他们顶级饭店里的厨师做的最拿手的菜肴。"我不禁因为前后待遇的天差地别而哈哈大笑。当时我拿着我和我妻子的手提箱,背上还背着背包,这些包裹一直压得我喘不过气。因为对比太鲜明了,所以我不由得苦笑。说到这,大卫再次大笑不已。"我妻子像看疯子一样看着我,然后她也开始笑了。我非常确定,如果当时行李员头脑中但凡有任何想帮助我们的念头,这时候也会很快打消这个念头。"

"结果就是,我笑着离开酒店。一年前我还是一家跨国公司的CEO,无论我到哪里,享受的都是像皇室成员一样的待遇。现在,我被忽视了。这件事给我的启示就是,我们没有一个人可以永远待在职位上。"

埃米莉莞尔一笑,想象当时的场景并揣测那位行李员会怎么想。"这件事让我们认识到事物的真实面貌,不是吗?"

"是的,"大卫说,"但是请不要误会我的意思。当你将来获得升职,并且肯定会的,你会觉得自己很了不起。但是请记住,你的职务比你本人强大,这一点很重要。不要自欺欺人地想着你就是职务。你只是有机会以这种职务为大家服务而已。"

"嗯,我从来没有这样想过,"埃米莉说,她把头轻轻侧到另一边,然后抬头看着天花板陷入思考,"所以,好吧,每个人终将离开。有些人是因为表现不好而离开;其他人离开是到了该走的时候。我从来不希望因为工作不得力而离开,所以诚实在这里能发挥什么作用呢?"

"问得好。要理解并不断思考你在公司的职务,有3个问题很重要。第一,你当前职务的规则是什么?"

"你说的'规则'具体指什么?"

"很多时候,职务暗含着你在哪里能找到规则。所以你希望成为一名主管,首先问一问是否有关于主管这一职位的规则描述,因为这个职位应该有一些规则。其次要看一看员工手册,因为手册上有一些规则是公司每位员工都要遵守的生存法则。手册上还包括福利、假期等方面的规定,当然可能也规定了法定的赔偿金额是多少。"

埃米莉点点头。"这让我想起一家与我们有竞争关系的公司的CFO(首席财务官)被董事会解雇的事。不是因为这位CFO干得不好,——事实上当时他们公司的业绩是创了记录的。但是他违规报销票据,比如报销私人旅行费用以及与工作无关的高额餐费等。后来董事会查出来,就把他解雇了。"

"听起来好像是他忽视了员工手册上的规则——我确定他知道那些规则,同时也忽视了不成文的道德规范。诚实不仅是指了解规则,而且是指遵守规则。"

"一点儿没错。这本身是一件完全可以避免的事情。"埃米莉身体靠向椅子。"所以,除了员工手册和职位描述,还能在其他地方找到规则吗?"

"这要看每个公司或者组织的具体情况,有时候你也许不得不遵守公司管理规定,可以到人事部门找一找。如果你是到海外出差的公司高管,很重要的一点是了解美国政府关于本国公民与外国人交往的相关规定。如果你是董事会成员,公司的规章制度常常会明确规定你需要遵守哪些规定。当你下次升职时,一定要学习工作中的相关规定并遵守它们,这在开始走上新岗位时非常关键。"

埃米莉从包中取出笔记本开始记录。过了一会儿她抬起头,说道:"明白了。都记下来了。其他还有要注意的吗?"

大卫摇摇头,被她强烈的求知欲逗笑了。"好吧,我们继续。从职务领导力定义诚实的第二种方式是衡量预期的关键要务。这些要务可能与财务数字相关,也可能与一定的实践和政策相联系。就像确定你的行为准则,列出你所在职位的关键要务列表也是很有必要的。大多数职位有 3 到 5 种关键要务，如果你做好这些关键要务，你将不可能因为成绩不佳而被解职。你可以通过一个阶段来确定与你的具体职位相关的关键要务。"

"这很有用。能否详细说明这个过程。"

大卫解释说，第一点是向在工作上与这个职位联系很紧密的人请教，询问在他们看来这些要务可能是什么。对一个公司高管来说，他可以同资深副总裁，甚至同 CEO 谈论这个话题，具体取决于公司的权力架构。公司其他高管也有可能帮助你搞清楚什么要务是被期待的。

"问另一个问题也很重要，即：'我的下属希望从我这里得到什么结果？' 因为说实在的，你身边的人，对角色全方位的观点以及明白人们对你有什么期待，这些都定义着职位中的诚实。"

"3 到 5 种要务……看起来似乎不够。根据所有反馈，我是不是应该预设更多要务？"

"是的。你可以制作一份更长的列表。但是我所有的经验告诉我，如果你的目标是工作中多于 3 到 5 种关键要务，你很有可能失败。有点类似你的行为准则，如果你制定一份包括 20 种行为准则的列表并且从来不缩小范围，你很难专注于那些最重要的行为准则。同样道理，如果你想对你的职位设定超过 5 种关键要务，你很容易应接不暇，并被巨大的期待分去精力。"

"有道理。"

"我的建议是花时间确定高管职位的 3 到 5 种关键要务，甚至在你升职前就做这件事。然后写出关于这个职位的超优表现的行动描述。"

"我大体上听懂你的意思了。但是能否帮助我理解这些行动描述具体是什么样子？"

"没问题。我现在与你分享 3 点，因为几乎所有工作中的超优表现都有 3 个共同的特征。"

"一种关键要务或许是在你的部门制定一个广泛沟通的、为成功而定的明晰的计划。所以，你要让人们明白你要采取的措施以及它如何与公司的战略相一致。几乎所有领导角色都是制定不同版本的关键要务。"

埃米莉写完后抬起头，满怀期待地看着大卫。

"体现超优表现的第二个关键要务可能是在第二年达到或者超过所有有形的、可量化的目标。这些目标可以是财务上的成绩，或者是与具体的发展里程碑相关。关键是它有一些清晰的增长指标。"

"所以，对于我的团队来说，关键要务可能就是在一个季度成功开发一定数量的升级软件。"

"没错。"

"你任 CEO 时，关键要务是什么？"

"我最关注的可能是公司利润。但是我的工作是确保利润并不是股东们唯一关注的东西。我让我的团队密切关注员工生产力、安全感和满足感。休假的天数、工伤、生产停滞——诸如此类的事情。我们也非常关注客户指标，包括我们维护了多少客户，或者因为无法解决的问题丢失了多少客户。当你有一天担任公司 CEO 时，还会有其他很多需要关注的数据和指标。"

"好的，让我确实一下是否已经理解你的意思，"埃米莉看着她的笔记说道，"第一个关键要务可能是广泛沟通过的、为了成功而制定的明确的方案。第二个关键要务是可以量化的指标。"

"是的。大多数职务领导力共同使用的第三个关键要务是，提高并改进你的团队为公司创造价值的能力。"

"你的意思是？"

"嗯，你的团队代表着一定水平的专业知识。我们知道专业领导力的定义是为他人创造价值，不断增加价值并扩展你的专业知识。

所以这个关键要务的隐含意思是：你如何在未来不断提升团队创造新的或者不同价值的能力？途径之一是不断加强你所在团队的文化建设。"

"文化。这个词语我听过很多次，但是它的含义有些模糊。"

"对于大多数人来说，这个词是有些模棱两可。作为一名CEO，培育文化是我要负责的最重要的事情之一。我对文化的定义是指导公司行为的行为准则、愿景和信念。我想你可以称它为公司性格。"

"指导公司行为的行为准则、愿景和信念。能否举例说明？"

"可以，"大卫抬头看着天花板陷入沉思，"好了，有一件事。我担任 CEO 时，与我的核心管理团队召开了一次战略计划会议，我们共同明确公司员工在一起工作时，什么事情对他们是重要的。最后他们给出 3 条意见：我们坦诚相见，我们不耍花招；信任在人际关系是第一位的；我们通过系统和程序达到优秀。"

"这些意见体现了行为准则、愿景和信念，指导着我们开展商业活动，在我们做决定时也能提供很多参考。将我们的决定对标这些意见，可以很快看出这个决定的好坏。"

"我赞同这些意见。我会与我的团队成员开会，确定大家在一起工作时哪些事情是重要的。"

"好主意。所以，你可以明确 3 种真实、清楚的关键要务。这些对你有帮助吗？"

"有帮助，"埃米莉放下笔回答道，"但是它们似乎有一些……不准确。我怎么知道是否完成了关键要务？"

"问得好，"大卫说，"在某种程度上，你可以把 3 到 5 种关键要务看作是你作为高管的战略计划。一旦你有了战略计划，根据以下问题制定行动计划：如何衡量每一项关键要务？我将使用哪些指标来衡量？你可以根据这些指标制定具体日程，确定日期和截止日期，分配任务——绘制一份非常详细的方案。但是所有这些都是战略性关键要务的体现。"

埃米莉盯着大卫看了好久。"这些内容太棒了，大卫。我从来没有以这种方式思考我的职业，我的工作。你从哪里得到这些知识的？"

"数十年的读书、实践和领导。"

"不可思议。"埃米莉低头看她的笔记，"OK，为了确保我准确理解，我能否扼要重述一下职务领导力中对诚实的定义？"

"当然可以。"

埃米莉浏览她的笔记。"第一，了解并遵守职务的规定。第二，衡量预期的关键要务——而且我想不仅是衡量，而且要明确这些关键要务，然后达到或者超过它们。以上是我记录的，还有一点，对吧？"

"是的。"大卫说着喝了一口咖啡，然后做了个鬼脸。

"我去加点咖啡。你要去吗？"

"我也去。"

他们下楼来到一楼柜台前，把杯子递给店员。

"深度烘焙，谢谢。"大卫说。

"我要脱因咖啡。"埃米莉说。

店员看着埃米莉。"今天不打算来点刺激一些的？"她看向埃米莉的肚子说道，"我怀孕时每次喝咖啡，我儿子几乎都要在我肚子里练空手道。"

埃米莉笑了，欣赏着店员穿的绿色盖袖夏装和时髦碎发。"是的，我这个孩子也是如此。我已经完全戒掉咖啡因了，但是脱因咖啡基本上没关系，是吗？"

"大体上没事。"店员说着眨眨眼睛。

埃米莉和大卫回到座位上。埃米莉坐下来时注意到大卫脸色发红。"你还好吧？"她问道。

"是的，还行。"他说，但是似乎有些气喘吁吁。

"你确定吗？"埃米莉问。

"我很好，真的。"

"我去给你拿杯水。"

埃米莉迅速下楼，拿了一杯水，又匆匆赶回来。

"请喝点水吧，"她担心地皱起眉头，"我还能为你些什么？"

"不，不，不必担心。毕竟人老了。当你上了年纪就会遇到这些事情。"

"哦，但是你才70多岁。我希望我到这个岁数身体还能工作。我还要去很多地方旅行呢。"

大卫笑了，咳嗽了几声，然后喝了一些水。"我打包票你的身体会比我好。你比我更有活力。刚才我们说到哪了？"

埃米莉决定暂时放下担心。他现在看着没事，而且明显想继续聊天。"我们刚刚开始讨论职务领导力中诚实的第三个定义。"她说道。

"嗯，是的。职务领导力中诚实的第三种定义是，你作为高管如何处理与这一职位明确相连的关系。"

"什么意思？"

"嗯，很明显你需要处理好与你上司的关系，负责建立正确的关系类型。当然，你已经开始这么做了。"

"我已经这样做了？"

"你与米切尔的谈话表明你在以合适的方式处理你们之间的关系。在领导力中我们常常认为要向下管理，但是你其实用了更多时间向上管理。事实上，这是你在公司赢得越来越大的影响力的关键——用诚实向上管理，同时在情感之上不断保持理智。比你职务高的领导者将学会尊重并佩服你。当你用诚实持续向上管理时，他们将向你寻求越来越多的帮助。"

"向上管理。知道了。显而易见,处理好同我的团队成员的关系真的也很重要。"

"完全正确。记住,我们对诚实的定义是所有部分在一起起作用从而取得理想的结果和成果,所以你团队的每一名成员必须像你一样清楚他们职位的诚实是什么。他们也需要明确与他们角色相关的3到5种关键要务,并用超优表现体现出来。你一定要给他们反馈意见以便他们明白他们当前的位置,他们是如何做的,他们还能在哪些方面做得更好。"

"又是'反馈'这个词。因为某种原因,每次我听到它,心里总会莫名紧张起来。"她意识到自己双肩微耸,所以直起身子,让后背稍微放松些。

"是啊,大多数人对反馈的感觉很糟糕。很多时候我想是因为我们不知道在反馈时如何建立坦诚的关系。"

大卫接下来分享了他读过的华盛顿大学研究关系的文章。研究人员选择很多对夫妇,给他们一些问题来讨论,然后用视频录下夫妇之间18分钟的对话。他们分析了这些视频,仅仅凭借观察这些夫妇之间的说话方式就能最终预测他们5年后是否还在一起生活。

"前段时间我也看了那篇文章,"埃米莉说,"很受启发,是吧?"

"是的,不知你是否注意到,他们发现对于夫妻来说,有一种行为使他们有92%的概率能一起生活下去。"

"是的,不过具体细节我记不清楚了。"

"是一个人表达善意和尊重的次数与他们批评配偶的次数的比值。你还记得这个比值吗?"埃米莉摇摇头,大卫继续讲道,"5比1。不是说这个比值达不到5,婚姻就一定破灭。它的意思是说,如果你经常表达善意和尊重的次数是负面互动次数的5倍,你将有92%的概率在婚姻上保持成功。"

"我认为这一点很神奇。你是否也认为这项研究结果可以运用到工作中？接下来是不是要把它联系到工作上来？"

"事实上，研究表明在工作中理想比值是 3 比 1——3 次充满善意、尊重的交流对比 1 次批评。太多人不适应'反馈'这个词是因为他们没有认识到赞扬、肯定和支持也是反馈的形式。所以，当你的上司在谈话中给予你正面的肯定，你在谈话结束时是不是有不一样的感觉？"

"当然。他改变了我对他的看法。"

"这是你与团队成员关系中诚实的一部分。你作为团队主管的责任之一是指导团队成员的职业、工作和表现。他们的成功就是你的成功，如果他们失败，在某种程度上也会成为你的失败。你要为他们创造所有可能的机会让他们获得成功，这意味着你要帮助每个人理解你是如何衡量他们的业绩，然后定期给出反馈。如果他们是某项工作的合适人选，我建议如果有 1 次的反馈是告诉他们需要提高和改进，那么他们至少应该得到 3 次正面的反馈。"

"这条建议很有可行性，"埃米莉说，"无论是对我的工作还是婚姻。"

大卫点点头。"我还想分享更多内容。你时间允许吗？"

"我整个上午都没问题。"

"很好。那么，职务领导力中诚实中的最后一个定义是你与同一层级同事的关系。这可能是最困难的关系，因为你与上司关系相对简单，你知道自己需要取悦他们。你与下属的关系也相对简单，你知道他们需要取悦你。但是其他同事——其他主管或者与你没有直接上下级关系的人——如果你没想过如何与他们建立信任关系，你将陷入麻烦中。"

大卫解释说可以从彬彬有礼开始与同一层级同事建立信任关系。乐于助人也是必要的，不管你是否能从中得到好处。始终让别人感到舒适，交流观点和意见是信任的另一个方面。不打断别人的讲话，

8. 让我们来讨论结构领导力

贬低别人或者对别人表现出优越感。还有重要的是运用 3 比 1 原则。

"与人交流后，你应该让他们感觉到被倾听，感觉到充满能量。"他补充说。

"这是处理与他人关系的多么有力度的方式。"

"我也是这么看的。让他人充满能量的确能改变你参与互动的方式。"

"我能感觉到。"埃米莉来回翻阅笔记。"好了，职务领导力中的诚实包括规则、结果和关系，"埃米莉说，"多朗朗上口。"

"我还没有注意到。"大卫笑着说。

埃米莉点点头，也笑了。"我不再问你关于这一条定义的建议了。我将完成我的任务，即找出主管职位的规则、结果和关系。"

"很好的计划。"

两人又坐了一会儿，喝着咖啡，聊聊新闻和家庭。埃米莉满怀感激地看着对面这位老年绅士，回想几个月前他还帮助自己清理洒出来的咖啡。她很确定大卫也有一种感激之情——他怎么不会呢？他们在这家咖啡馆里的收获很特别，无法定义，有点荒谬奇怪，但却能改变人生。

——

当天晚上晚些时候，埃米莉盯着手机，有点不敢相信里面的内容。当时是周六晚上 8 点 57 分——她几乎就要上床休息了——她一直没有查看邮件，但是帮助杰森收拾完厨房并哄睡亨利后，还是忍不住用手机登录邮箱。邮箱里除了行业时事通讯和同事不太紧急的求助邮件外，还有一封邮件的标题是："恭喜！你被提名为 STEM 女性！"

她因为紧张而觉得嗓子发干，于是开始用拇指点开邮件读起来。

> 恭喜你，埃米莉，
>
> 你被能源技术公司的亚里克斯·凡尼尔提名参选第9届STEM年度女性奖。本奖项授予爱达荷州科学、技术、工程和数学领域（Science, Technology, Engineering, math, 简称STEM）杰出女性领导者。
>
> 你被提名意味着你在行业内外的影响力受到广泛认可。接下来将进入申请环节，请于7月3日前提交个人申请表。由业内同仁和历届获奖者组成的评选小组将审议所有申请人材料，并于7月10宣布获奖者。
>
> 再次祝贺你获得这一荣誉，相信你也将因此无比自豪。
>
> 真挚的，
> 瑞贝卡·贝勒
> STEM女性评奖委员会主任

埃米莉眨眨眼睛，把邮件又读了一遍。亚里克斯？米切尔的上司？虽然每个月开团队会议时能见上几次，但是是什么原因让他提名自己呢？

埃米莉看向钟表，现在刚过9点，她可以睡到明天早上8点30分，然后去做产前瑜伽——当然前提是亨利也能睡到那个时候。她向上伸直手臂，身体稍微向后倾斜，弯曲胳膊枕在脑后，盯着天花板看了近1分钟，然后抿嘴一笑。亚里克斯，也许她开始在公司内获得影响力了。

那是因为她的性格？还是专业知识？当然不是因为她的职务。

她坐直身体，把手机放在桌子上，站起身走进厨房。杰森正在为接下来一起看电影而制作爆米花。

"杰森，"她说，"你绝对猜不到会有这种事。"

"我想我能猜到。"

她笑了。"我被提名参选 STEM 女性奖——你知道吗，这个奖项每年颁发一次。我曾经的上司，琼，很多年前得过这个奖。"

杰森的表情很吃惊，也很兴奋。"埃米莉！"他走过来抱住她，"埃米莉，你太了不起了！"

埃米莉也抱住他，过了一会儿松开双臂看着他的眼睛。"还只是提名。但是，哇，很酷，对吧？"

"非常酷。"

她拿起手机，屏幕上仍然显示着那封邮件。"我需要填一份申请表，在——哦，天哪，周三之前。时间不多了。"埃米莉打开评奖网站并浏览申请页面。"申请窗口已经开放 6 周了，所以我都到最后才收到通知。他们已经开始着手写评估意见书了，"她看着杰森说，"我的意思是，还有必要申请吗？我敢肯定他们现在大概已经确定获奖人选了。"

"你得去申请，并且一定能大获全胜。明天我可以带亨利出去吃饭并去公园玩，这样你整个下午都可以在家不受打扰地工作。"

"真的？"

"真的。"

她靠上前在丈夫脸颊上亲吻一下。"准备好一起看电影了吗？"

"好了。"杰森端起盛有爆米花的碗，随着埃米莉去了起居室。他们坐在沙发上，爆米花放在面前桌子上，用遥控器打开电视，点播的电影开始播放。

当天晚上晚些时候，埃米莉用了整整半个小时才睡着，她左思右想，试着想明白亚里克斯究竟为什么提名她。她毫不怀疑这与跟着大卫学习很有关系。

在安静、黑暗的卧室，她的心跳不由加快了。我要迫不及待地告诉他，她心里想。

她翻过身,把一只手搭在丈夫的背上,闭上眼睛想象走上STEM领奖台以及因为自己的影响力而获得荣誉是一种什么感觉。在睡梦中,她看见亨利和她手拉手,走上领奖台,当亨利代表她领奖时她不禁眉开眼笑。

9

伟大的领导者做什么事情

埃米莉的手指有节奏地敲击着桌面。这是她收到STEM女性提名邮件后的第一个周一。没有预约,也没有计划,她来到慢慢咖啡馆,准备与大卫分享这个令人激动的消息。

她看了下手表,7点36分。到了该动身上班的时间,但是她想再多等几分钟。或许他只是晨跑多跑了一会儿,也或者是他从每天都来变成一周来几次。最近很长一段时间他们都是周六见面,所以她其实不知道他其他时间的活动安排。

7点41分,她最终站起来走下楼梯,把空咖啡杯递给店员。

"今天大卫没来?"店员问道。

"没有,他还像平常一样每天都来吗?"

"每天上午都来,"她一边回答一边把埃米莉的杯子放进柜台下的收餐车里,"嗯,我又回想了下,他偶尔会有一天不来。"

"哦。"埃米莉感觉稍微放松一些。"你知道原因吗?"

"我想他一直在锻炼，"店员笑着说，"他每次来都气喘吁吁的。我猜他妻子在让他坚持走路养生法。"

埃米莉笑了。她想象着丹妮娅为他穿上时髦的健身服。"好吧，这让我感觉好一点。"

"我确定他明天一定来。"

"那请代我问他好，可以吗？"

"没问题。"

埃米莉走出咖啡馆，来到自行车前。到了6月，大清早已经很热了。埃米莉骑车去上班的路上，她感受到湿热的空气开始亲吻她的额头。到了公司楼下，她决定进办公室前先稍微走走路以便凉快凉快。

她锁好自行车，看着身边川流不息的汽车，开始沿着办公楼附近的街区散步。每辆车几乎都是一个人，似乎都是赶着去上班。她看见一辆灰色的汽车在十字路口等红灯，副驾驶上坐着一位老者，开车的是一位稍微年轻些的女士。埃米莉从太阳镜边缘看了一眼。是大卫！

正当她准备挥手打招呼时，两人驾车离开了，埃米莉终于明白了，大卫到咖啡馆较晚是因为正在陪妻子。她笑了，很开心地看到他们在一起。现在知道他在忙什么了：花时间陪伴妻子。

埃米莉转身向公司走去，她决定不再绕着街区走一圈了。到了公司楼下，她径直走进电梯，深吸一口气，来到楼上。好事来了，她能感觉得到。

离上次在咖啡馆见面已经过去了两周。埃米莉骑车穿过博伊西市中心来到慢慢咖啡馆。原定上周的见面因为大卫有事而改约，埃

米莉还有点失望。但从另外角度看，或者这是一种更好的方式。仅仅是提名就没有分享的必要了，不是吗？

她锁好自行车，走进咖啡馆，很惊奇地发现大卫已经在楼上等着她。她已经提前10分钟，想着先来占个位置。但是他已经先到一步，正微笑着向她挥手致意。她几乎是一路小跑来到他跟前。

"大卫！"

他站起来，他们互相拥抱。"很高兴见到你。"他说。

"我也是。你需要咖啡吗？"

"难道我不是大卫吗？"他眨眨眼睛问。

"那就是一起来点咖啡吧。"

"好的。"

在点好咖啡等待服务员端上来时，他们已经开始聊起来。埃米莉一直忍着没说那件事，一直到她觉得再忍整个人就要爆炸了。

"我有一个消息。"她说。

"是生孩子和必然会来的升职之外的消息？"

"是的。"埃米莉说，迅速看了一下桌子。她惊奇地发现在与杰森之外的人分享自己的愉悦时会有一点点局促。"我获得了STEM女性奖。"

"埃米莉，"大卫说，他伸手越过桌子抓住她的手。"埃米莉，这是……这是……除了祝贺，我不知道该说什么。这是你应得的。"

"谢谢。"她说着使劲握了握他的手，然后松开，"我希望到时候你能作为我的嘉宾，出席颁奖典礼。典礼日期定在下下周四。"

"我很荣幸。"大卫说。

"你坐在台下对我来说意义重大。"

"能出席对我来说意义也很重大。"他清了清嗓子，眼神中满是感动。

埃米莉因为激动而做出吞咽和眨眼的动作，试图平复一下心情，但是不幸运的是，两滴泪水不争气地流了出来，被她迅速擦拭掉。她不想说话，有意让这一刻一直延续下去。终于，她说道："我想最让我感到意外的是提名我的人。那是米切尔的上司，亚里克斯·凡尼尔。除了每周例会，我甚至不知道他能注意到我。"

"对我来说一点也不意外。"

"不意外？"

"完全在意料之中，"他回答道，"回想一下你一直在做的事情。你通过专注于你能100%控制的事情从而培育你的影响力。你通过每月一次的庆祝午餐会建立与同事的协作关系。你把你的关注置于合适的环境中，致力于攻读自己心目中的博士学位，而不是担心潜在的公司并购。通过做上述所有事情，你在你关心的领域获得了新的影响力。"

"的确如此。我已经在3个不同的会议上被米切尔点名，要求我就技术领域的女性问题发表意见。"

"那就对了。亚里克斯注意到你是因为你开始在一些领域发挥影响力，而你还没有认识到这一点。在过去几个月里，这些领域因为你的贡献已经有了很大的发展。"

埃米莉沉默着，还在头脑中回想与亚里克斯一起开团队会议的情景。或许亚里克斯确实看到她在公司具有影响力。

"还有就是你的性格，"大卫继续说，"你认真对待我们的谈话，以很大的精力有意识地锻炼性格。你已经养成一些积极的习惯，专注于你的行为准则，坦率地寻求他人的反馈。由于你努力成为一个优秀的专业领导者，人们也开始注意到你是房间里最聪明的那个人。"

"同时，你的谦逊帮助你以更有策略、更尊重人的方式陈述观点，不会使你的行事方式看起来好像是房间里最精明的那个人，而在一件具体事情上如果你被认为是房间里最精明的人，你将很容易掉进陷阱里面。"他盯着她的眼睛，似乎在确定她是否听懂自己的意思。"还记得我说过你要忘记职务,职务就会给你?好了,我可以告诉你它不会太远了。"

埃米莉没有说话。她回想最近几个月来的事情。她从来没有在自己身上投入这么大的精力,踏踏实实地专注于自身的成长和周边事物的进步。她生活的每个方面都有改进。是的,工作更出色,那么家庭呢?这也许是最让她欣慰的。她感觉工作上专注、精力充沛,在家庭上全身心投入。她已经很长时间不在早晨上班前查收邮件,而是全心全意陪着杰森和亨利。她制定并坚持每天晚上 6 点到 8 点"远离技术"规则,这个时间段是她和家人共处的宝贵时光。她知道,"投入"的行为准则帮助她始终珍视与家人在一起的快乐时光。她甚至有了一种新的期盼,也许,仅仅是也许,自己可以在工作和家庭上都能全身心投入。做到完美?不可能。不过她正在变得更优秀,这一点对她来说最重要。

"说实在的,我不知道我能变得多优秀,除了没有主管的职位。"她试着用语言表达出自己的想法,轻柔地说道,"可是相较于几个月前,我现在感觉它真的没那么重要了。"

"埃米莉,我真为你感到高兴。我无比欣慰地看到你多么专注,多么享受生活。"

"谢谢,我也一样。一切都是你的功劳。"

"当然不是的,不过我很高兴在其中起到一点点作用。你付出了很多努力。"

"是啊,我很上进的,不是吗?"

大卫点点头。"不过我想给你一些忠告。"

埃米莉坐直身子,惊讶地问道:"哦?"

"职务、专业和性格是终身的课题。很重要的一点是你要认识到你还没有完成它们。你甚至还没有接近完成。我们所有人都一样。伟大的领导者会抓住尽可能多的机会,他们从来不会认为他们已经做到位了。"

埃米莉听得很认真。"请继续讲。"

"作为领导者你将面临最大的挑战之一：成功。问题是，你的成功是否导致自满？这种自满不是显而易见的，因为你很机敏，力图避免它。它几乎是觉察不到的，细微到只有等过了一点时间你回头审视时，才发现自己没有继续在性格和专业知识上锻炼，以至于不自觉地变得自满了。很少有大事误导我们，通常情况下几乎是看不到的小事在误导，但是久而久之，自满将偷取我们的精力。"

"我怎样才能避开它们呢？"埃米莉问道，"如何才能做到不自满？"

"一种途径是始终坚持伟大领导者要做的事情，"他回答道，"你已经在做了。现在，你只需要继续，并且越来越有意识地去做。"

"伟大领导者做的事情，"埃米莉一边说一边回想这些天讨论过的话题，"我们已经讨论过这些吗？"

"还没有，现在要讲吗？"

"是的。"

"好的，伟大领导者做的第一件事情是把问题转化为机会。事实上，他们认识到在很大程度上他们的目标是解决问题。"

"我也希望能做到。"埃米莉笑着说。

大卫继续解释说，尽管大多数人认为问题是人生的烦恼，或者阻碍成功的绊脚石，但是伟大的领导者不这么看。相反，对他们来说，问题开辟了新途径，如果问题不出现，他们就不会找到这些新途径。

"你知道拿破仑·希尔吗？"他问。

"是位作家吧？听说过。"

"嗯，他的书的确让我印象深刻，不过我并不总是认同他的观点。他有句话我一直记到今天。他说：'每一次失败，每一种逆境，每一次心痛中都孕育着一颗同等大小或者更大的有益的种子。'自

9. 伟大的领导者做什么事情

从听到这句话之后,我一直想证明它是错的,但是无法证明,所以我相信伟大的领导者在看待问题或者机会时与他人的眼光不一样。"

埃米莉停下来思考。大卫今天的话和之前的谈话不同,分量很重,他好像在传递让她终身受用的智慧。

"对了,我想起自己生活中的一个例子。其实所有这些事情都源于我没有得到晋升,"——她张开双臂,好像要把他们之间所有的关系和工作包括进来——"对我来说,没有升职是一个大问题,我不知道自己是否能解决它。事实上,我现在还只是一个经理。或许我永远也解决不了这个问题,但是它让我们聊天,它是触发器,是催化剂,它帮助我在过去几过月中获得如此大的进步。"

"很有见地。准备好讨论接下来的问题了吗?"大卫问道。埃米莉点点头。"有些人不会做奉献,但是伟大的领导者能激发他们作出奉献。埃米莉,当有一天你能回过头再来看当初作为领导者如何质疑或者肯定下属,而他们也由此不断取得进步时,你获得的成就感将无与伦比。你激励他们投身他们不愿意投身的事业。你在他们通往成功的道路上发挥了作用。你将从中得到极大的乐趣。"

两人意味深长地对视了好久。她从与大卫的交往中获益良多,她现在理解这对他也有多么大的影响。但是她是否对下属也有如此深刻的影响?

"对我来说现在还很难想象能做得到,"她最终说道,"在这一点上我相信你。"

"大多数情况下这不是你有意识去做的事情。它经常发生,因为当你不注意时别人也在观察你。一位年轻的领导者将观察你的性格以及你遵守的行为准则,然后希望用这种方式对待他人。她也会观察你对学习和卓越的追求,虽然成功但是不自满的品质,然后决定向你学习。当然有时候你也会有意识地鼓励或者激励他人,但是大多数时候,你的激励都是在你没有意识到的情况下实现的。"

埃米莉一直在记笔记，但是突然感到一阵恶心，所以停了下来。"对不起，我出去一下。"

"好的。"

埃米莉没有去洗手间，而是选择到咖啡馆外面，也许新鲜的空气会有所帮助。她从口袋拿出一颗酸味孕妇糖填到口中，然后双手交叉放在头顶，左右眺望博伊西市中心。城市充满活力地喧闹着，大多是悠闲地散步的一家人或者夫妇，在夏日气温蹿升到100华氏度（约合38摄氏度）或者更高温度之前，他们走出家门享受难得的凉爽。在外面呼吸了一会儿清凉的空气，埃米莉感觉好受一些。她想坚持完成这次谈话并且保持专注。在某种程度上，她感觉这可能是他们之间迄今为止最重要的谈话，甚至比谈论性格那次更重要。

几分钟后，她又坐回大卫对面的位置上。"抱歉。"

"不需要抱歉，"他说，"我妻子也有过这种状况，我已经经历过6次了，还记得吧？"

"哈，是的。所以你已经是行家了，"她说道，"对了，伟大的领导者还会做什么？"

"还有一件事情。"大卫微皱眉头，坐直身体，双手叠在一起放在桌面上。他的表情很庄重，埃米莉知道要仔细听他接下来要讲的话。"他们超越自身利益和自我提升。吸引他们注意力和激情的事情比他们自身更重要。"

"嗯，你是说自身利益和自我提升不好？因为我感觉我做很多事情都与自身利益和自我提升有关。"

"倒不是它们说不好，只是还不够。"

"什么意思？"

"有时候自身利益和自我提高是必要的，但是伟大的领导者从来不仅仅停留在那上面。他们发现更重要的事情后，他们自身的利益突然变得不再重要，需要让位于能激励他们的事物。成功的机会是他们的驱动力。"

埃米莉静静地坐着,思考大卫的话。她希望成为这种领导者,但是又不想经过另外一个10年才能做到。

"我知道我的事业,我的目标超越自身利益和自我提升,"她终于说道,"我要回顾并帮助其他女性走上我正在走的路。我不要一个人走——我要其他人和我一起完成。"又是长时间的停顿,然后她接着说:"或者不仅仅是女性,我希望能帮助任何有志于成为伟大领导者的人。我为什么要局限于女性的身份呢?我毕竟只不过是一个孩子的妈妈。我希望能支持所有努力变得更优秀的人。"

"所有人,"大卫重复道,"说得好。"

埃米莉低头看她的笔记,然后大声读到:"把问题变成机会。激励那些轻易不会做出贡献的人做贡献。超越自身利益和自我提升。"

"概括得很到位。我毫不怀疑你能做到这些,甚至可能做一些伟大领导者想做而没有做到的事情。现在我得走了,去和我妻子一起用早餐。"

两人站起来,埃米莉跟在大卫后面走出咖啡馆。她希望自己表达自己的情感,现在需要这么做。

"大卫……"她鼓足勇气开口,但声音渐渐变弱。

"怎么了?"他问。

"我只是——想告诉你我有多么感激我们在一起聊天的时光。这些早晨,……它们……它们是我需要的,我已经取得如此多的进步,我感觉你就像我的家人一样。"

大卫静静地看着她。"我也有同样的感觉。这些早晨也让我重新焕发活力,它们为我打开了一个新世界。甚至我妻子也注意到了,"他笑着说,"所以,谢谢你,埃米莉。我也像喜欢家人一样喜欢你。"

他们拥抱然后分别,大卫去和妻子一道用早餐,埃米莉去公园见她的丈夫和孩子。他们已经达成一致意见,下次见面就是在颁奖典礼上。

埃米莉转身正好看见大卫消失在转角处。她笑了，回想过去几个月以及今天早上的谈话，感觉大卫是她生命中的一份礼物。现在她意识到自己也是大卫的一份礼物。

⑩

行动的时候到了

埃米莉站在大厅,右手拿着手机,盯着通向会场的一道道大门。参加颁奖典礼的观众早已进入会场,她能听到现场主持人在讲话。

她整了整衣服,那是她在一家精品孕婴店看中的高雅的黑色长款礼服。她专门做了蓬松波浪卷的发型,甚至化了职业淡妆。杰森坚持要她在典礼开始前填饱肚子,因为还要准备化妆和造型。他请她在美容院做了一次按摩和美甲。

到目前为止,今天一切都很顺利。

过去两周她最期盼的事情就是与杰森、大卫以及丹妮娅一起度过这个晚上。因为她的父母提前预订了去蒙大拿的旅行团,所以无法出席今晚的颁奖典礼。

大卫现在在哪儿?她又看了下手机,他为什么没有发邮件或者打电话?

她之前已经给过他电话号码,就是为了以防人太多,彼此找不见,但是现在还没有听见电话响。这可不像他的风格。是的,他偶尔会迟到几分钟,但是现在还没到,而且联系不上?他肯定不会忘记的。

会场的门关着,音乐声从里面飘出来。埃米莉不情愿地走向会场,每走几步还要回头看看入口。她深深地叹了一口气,打开门,静静地穿过观众席来到杰森身旁。她悄悄地挨着他坐下来,看到他右边两个座位还是空着的。她的心一下子悬了起来。

"有消息吗?"杰森悄声问。

"没有。"埃米莉回答,声音小得几乎听不到。

杰森伸过胳膊搂住她的肩膀,紧紧地抱了一下。"我爱你,"他对着她的耳朵说道,"今晚是属于你的,我相信大卫会赶来的。如果他没来,下回你们见面时你可以把今晚的情况告诉他。"

埃米莉没有说话。她把头靠在杰森的肩膀上,闭上眼睛,希望自己不要分心。最终,她睁开眼睛,抬起头看向舞台,主讲人的演讲马上要结束了。雷鸣般的掌声响起来,像雨水一样把埃米莉浇醒,她对大卫的担心也随之消散。

半小时后,埃米莉站在舞台左边的大幕布后面。她听见有人宣布自己的名字,于是走到舞台上。走向领奖台时,她听见观众席中发出一声巨大的喝彩声,然后看见一个人站在观众席上。

是杰森,高兴得一会儿吹口哨,一会儿鼓掌,就好像她要被任命为美国总统似的。

她从颁奖人手中接过奖杯,握手,合影。杰森现在安静下来,看着她,直到她最后走下舞台,他才坐下来。

她回到观众席的座位上,杰森身体靠过来。"我真为你骄傲。"他说。

她伸出手握住杰森的手,没有说话。眼泪在眼眶里打转,内心五味杂陈,既有对丈夫的感激,还有对大卫缺席的失望。她做了个吞咽的动作,给丈夫一个亲吻,然后转身看向舞台。

10. 行动的时候到了

她看着其他获奖者先后上台领奖,发现奖项本身并不重要。她宁愿获得一盒通心粉而不是一座奖杯。但是让她感受最深的是荣誉背后的故事:几个月独自工作;晚上和周末依靠丈夫承担更多养育孩子的任务和家务活;她与大卫建立起来的友谊;她发起的公司庆祝活动;与米切尔关系的好转;仅仅依靠提升自我而获得的影响力;因为亲自处理性别歧视而积累的经验,所以开始为公司的女同事争取权益。正是不断追求卓远的努力使得今晚如此有意义。

大卫今晚不在这里,但是他是催化剂。她将找一个合适的方式与他一起庆祝,要让他知道,他教给埃米莉的知识多么深刻地影响了她。

"杰森,"她说。他扭头看着她。"谢谢你今晚陪我在这里。"

杰森点点头,为她拭去脸颊上的一行泪珠。他拿起奖杯在手里翻转着,羡慕地看着奖杯上一位手托星星的女性塑像。

她看着奖杯。"嗯,我想我会把它送给大卫。"

"好主意。不过我敢打赌他不会接受的,"他把奖杯递给她,"毕竟,这是你得来的。"

她把奖杯放在桌子上,看着主持人宣布典礼结束。

"早上好。"埃米莉与店员打过招呼,经过柜台走向楼梯。

她在上班的路上经过慢慢咖啡馆,希望能遇见大卫。自从周四晚上缺席颁奖典礼后,就没有关于他的任何消息。在点餐前,她来到二楼查看附近空位区域,然后回到一楼柜台。

"脱因咖啡,带走,谢谢。"她说着,有点心神不宁。她注视着窗外,在来来往往的行人中寻找大卫的身影。

"今天大卫没有来?"店员问。

埃米莉摇摇头。"你见到他了吗？"

"这周没见过，"她回答道，"我上周休假了，所以我不确定上周他是否来过。"

"好的。"埃米莉递过她的银行卡，店员刷卡后，转身走到后台冲咖啡。

"不用担心，这太正常了，"她转过头对埃米莉说道，"他周二几乎从不过来喝咖啡。"

"是啊，没事，"埃米莉咬了咬嘴唇，"我们周六会在这见面，所以到时候再跟他聊天吧。你再见到他时能否告诉他我来找过他。"

"没问题。"

离开之前，埃米莉上了3个台阶，又在二楼区域扫了一眼。还是没见大卫。

现在时间还早，所以她决定把自行车锁好放在咖啡馆前，然后走着去上班。她闭上眼睛一边走一边呼吸夏末的空气。博伊西的夏天是无与伦比的。

她绕到市中心，在博伊西中心喷泉前停下来。因为最近的市政建设，这座小城的中心看起来有种大都市的感觉。她小时候夏天还在这个喷泉前面玩过水，现在几乎认不出来这个地方了。她在下一条街左转，然后朝公司走去。10分钟不到，她已经坐上电梯，站在办公室外边，这间办公室很快就会空出来。

她非常兴奋，今天早上就希望能与大卫分享这个消息：她被聘请为另一家公司的副总裁。短短3周之后，她将离开能源技术公司从而开启一段新的职业旅程。

说实在的，对于这个决定，她内心有过矛盾。上周颁奖典礼结束后，当地一家初创企业负责信息技术的高级副总裁林恩找到她，这让她很意外。那是一家蒸蒸日上的初创企业，在过去3年中业绩每年增长200%，而它的CEO很有魅力，因其工作理念和对卓越

10. 行动的时候到了

的追求而在业内很有名。这位高级副总裁邀请她第二天早上一起喝咖啡，她也爽快地接受了。当天晚些时候她就收到了这家公司的Offer。没有申请，也没有面试，他们似乎迫切地想挖她过去。很显然，林恩几个月来一直在观察埃米莉的工作。

她被这个Offer搞得不知所措。很感激，但是很快冷静下来。在那一刻，她想起大卫的话。她的职位是领导。这是她从来没有拥有过的东西。

被认可的感觉超级棒。但是一直以来在能源技术公司，在公司取得的所有进步，都放弃掉，感觉有些……冒险？就好像做事情半途而废？很难与同事、朋友，与入职以来大部分时间都花在这里的、像家一样的地方说再见。当然，她知道离开对她和她家人来说都是正确的选择。现在是时候继续往前走并探索新的人生了。

埃米莉走进办公室，打开灯，想起昨天上午与能源公司CEO的谈话。关于去留她想了一个周末，又同杰森谈了之后，她去找CEO并告诉他准备辞职。在谈话中，他问是否有什么办法让她改变想法，甚至为她提供公司副总裁的职位，工资福利也高于林恩公司给出的待遇。他们谈了将近1小时，当他最终认识到她不会改变决定时，只好说理解她并祝她好运。当她走到门口时，停下来并转向他。

"我走之前还有一件事，"她说道，"如果我的离开有什么影响，我希望是：公司要创造条件晋升更多的女职员。事情正在改变——我知道，但是需要继续坚持。"

"你大可放心，公司会考虑这件事的。"CEO站在办公室中间，意味深长地看着她。她在他的注视下关上门离开了办公室。

但这是昨天发生的事情，现在已经是周二。尽管她对自己的决定很自豪，对新的职位也很兴奋，但是有一点不太正常：为什么还是没有大卫的消息？当她周末正在为新Offer犹豫不决时，她给他发了一封邮件，甚至打了电话。周日下午，她终于等到大卫手机发来的短信:"埃米莉,我是丹妮娅。稍后联系你。"

她走到座椅旁,肩上还斜挎着电脑包。她突然停下来,盯着办公桌,在办公桌面上放着一个小信封,信封上用草体写着一个名字"埃米莉"。

她放下包,轻轻拿起信封打量了一会儿。由精美的米黄色纸张制成的信封手感很厚实,带有特殊条纹,似乎是专门定做的。她的手指轻轻抚摸过信封表面,然后翻过信封在背面发现了红色的火漆封印,印鉴上盖着字母"D"。埃米莉缓缓地触摸着封印,她之前还从没有见过真正的火漆封印。

最后,她把手指滑到封印下面,小心打开信封,从里面掏出3张信纸。

她放下信封,靠在桌边开始读起来。

亲爱的埃米莉,

过去几个月,我一直在与脑癌做斗争,化疗、放疗或者其他治疗方式都没有效果。医生说我只剩下2周时间了。我让丹妮娅在我去世后把这封信交给你。

我希望你能理解我为什么没有告诉你。我的行为准则之一是坚韧,对我来说,这意味着即使面对人生最艰难的境地,我也希望能保留尊严。尊严是指不把我人生最后的时光看作是生命的尾声,而是圆满、快乐的生活的继续。我认为跟我关心的人说再见很重要,这封信就是我与你告别的方式。

埃米莉,你为我带来了新生。正当我面对死亡的现实时,你在爱达荷州博伊西市的一家小咖啡馆里打翻了咖啡,之后让我余下的日子里有了更深刻的意义。我们在一起的时间——聊天、咖啡、庆祝——这些对我都有特别的意义。

10. 行动的时候到了

　　我知道你前途一片光明。我从你的不屈不挠和强烈进取心中看出你必将成功。我希望我能一直看着你绽放出人生的光彩。

　　我们最后一次聊天时,我给你的是警示,这次我想给你鼓励。你的未来通往你现在还无法看清楚的地方,当你继续往前走,你选择的道路会越来越清晰:领导力中最伟大的终极行为是把你所学的传授给其他人。

　　最后,埃米莉,我想让你知道我相信你,我相信你能做成你想做的事情,成为你想成为的人。我相信你会成为一个好领导,一个好母亲,一个好朋友,一个能让世界因你而不同的人。因为,埃米莉,你已经改变了我,使我没有虚度人生最后的时光。

爱你的,
大卫

埃米莉目光从信纸上移开。她面无表情,一动不动。

大卫……去世了。离开人世?不。

不,他不会的。

埃米莉情绪一下子爆发,顷刻间泪流满面,想到还没来得及跟大卫告别,伤心和生气两种情绪交织在一起。他还不知道自己帮助她达到了什么目标。

他走了,大卫走了。

她怎么就没发现他生病了呢?或者是已经感觉了?她是不是选择忽视他深陷的眼窝,苍白的脸色,没有注意到他迟缓的步伐还有反复的咳嗽?她是不是太沉浸在他教的知识中而没有意识到他的身体已经撑不住了?

埃米莉摇摇头,一切都不重要了。

她站在原地一动不动，把信捧在胸口，静静地啜泣，泪水洒落在地板上。

回忆像放电影一样在头脑中展开。溅落的咖啡，一起散步去城市绿地，坐在慢慢咖啡馆的长条桌旁，亨利的生日派对上一起坐在柳树下聊天，还有最后一次见面时，他们拥抱并告别，她看着他消失在转角。

当时为什么没有再陪他多走走呢？为什么没有把那一刻多延长一些呢？她反复回想他们之间的对话，尽量回忆起他最后对她说的话，希望找到其中特别的地方。突然，她想起来了："我也像爱我的家人一样爱你。"

家人。她想起丹妮娅，身体颤抖了一下。她要去到她身边。她想起两天前丹妮娅发给她的短信。她给大卫发邮件、打电话时，是不是正好是弥留之际？

她看着颁奖典礼上大卫空空的座椅时真是太自私了。她本来应该明白一切都太反常了。她当时应该离开会场，找到他并跟他告别。

埃米莉紧闭双眼，任凭伤感和失落包围着她。她需要从自己的圆满中感受到他的离开。

终于，她不再流泪，站在办公室里，目光空洞地看着前方。她默默地叠好信纸，装进信封。今天她要追思他，她知道要去哪里。她拿起手机，编写了一个短信。

"我需要你，"她给杰森写的，"我们在慢慢咖啡馆见？"

他很快回了短信："马上到。"

——

埃米莉坐在办公桌前，四处打量着办公室。两个月了，大卫已经去世两个月了，但是她依然感觉到心中隐隐的痛。她想起每周在

10. 行动的时候到了

慢慢咖啡馆喝咖啡的日子,现在她会和丈夫一起去那里。她常常想起那位坐在咖啡桌旁满头银发的老人,把他最后的信读了至少二十多遍。她经常去看望丹妮娅,为她带去饭菜和鲜花,帮助她购买日用品,修理草坪。

但是,内心还是感觉空落落的。他真的走了吗?

她每天让自己在公司和家里一刻也不闲下来,以便头脑中尽量不去想他。但是晚上夜深人静的时候,亨利已经在房间里睡着了,她躺在杰森身边,还是会想起大卫。

一阵轻轻的敲门声把她的思绪拉回现实。她看着最后修改的PPT,那是为当天晚些时候她要做的行政报告准备的材料,然后看向声音传来的方向。

"有事吗?"

"是埃米莉吗?"

埃米莉站起来又问了一次:"有什么事吗?"

"我是杰奎琳,"年轻女孩说着往埃米莉办公室走了几步,"我是新来的职员。我刚刚入选你的管理培训项目。"

"杰奎琳,"埃米莉重复了一遍,她绕过办公桌,伸出手,"很高兴见到你。我能为你做点什么?"

"我了解过你的工作,"杰奎琳说得很快,有点紧张,"我希望这不会太冒失,我只是……我想知道有时候能否同你坐下来谈谈?我想请教你一些问题。"

埃米莉没说话,她又想起大卫,头脑中跳动着有一天她忐忑地问他能否经常见面并向他学习的情景。然后,她回忆起最后一次见面聊天时自己说过的话:"我知道我的事业,我的目标是超越自身兴趣和自我提升。我要总结并帮助其他女性走上我正在走的路。我不要一个人走——我要其他人和我一起完成。"

"这是我的荣幸。"埃米莉说道。

杰奎琳的表情放松了些。"好的，我很期待。"

埃米莉注视这个女孩的脸，她比埃米莉认为的还要年轻，很可能刚从大学毕业踏入社会。有了埃米莉的帮助，她的未来可能比埃米莉早些年的职业生涯有更多机会，有更好的前途。因为大卫——不，因为大卫的教导和自己的上进，她为这些新的领导者开创了新的未来，她也足够幸运能去影响他们。

"我喜欢去一个叫作慢慢咖啡馆的地方，"埃米莉最后说，"我们明天早上 7 点约在那里见面吧？"

"我会去的，"杰奎琳回答，然后迟疑了一下又说道，"我能否带上我的同事安杰罗和我一起去？他也了解你的工作，我告诉他我可以帮他问问。"

埃米莉稍微停顿了一下，想起那天还对大卫说过："或者不仅仅是女性，我希望能帮助任何有志于成为伟大领导者的人。"她对杰奎琳笑着说："当然可以。"

杰奎琳对埃米莉表示感谢，然后离开办公室并随手关上门。

埃米莉走回办公桌前，打开最上面一层抽屉，取出那封写有她名字的信，一边把它举到心口的位置，一边环顾新搬进来的办公室。

"这些是因为你，大卫，"埃米莉对着半空说道，"这些是因为我们。"

她左手把信贴在胸口，右手放在微隆起来的肚子上，想着这个已经取名为"大卫"的孩子将来会不会像一位与他同名的老人一样优秀。

致　谢

首先我要感谢本书的合著者史黛西·恩尼斯，这是一次完美的合作，她对本书的贡献对讲好故事至关重要。我佩服她的写作技巧以及人生理念。因为对她更多的了解和大家一起共事的经历，我也有了更多的收获。

过去几十年我最好的顾问之一是阿罗哈出版社的玛丽安娜·扬。感谢玛丽安娜帮助我更好地了解出版行业以及支持我所有的写作事业。

我在创作本书的过程中自始至终与绿叶图书集团保持着良好的合作。感谢埃米莉·莱昂斯、贾斯汀·布兰奇、泰勒·勒布、艾普利·乔·墨菲、凯伦·卡布瑞、吉姆·兰斯、切尔西·理查兹、克里斯汀·佩雷-费里以及珍·格林，谢谢你们为本书做的编校、标题、封面、设计等工作。

普赖斯联合公司的团队和我们的顾客不断激励我变得更好。正是他们的鼓励使我相信现在应该把这个故事讲出来，这些年来我已经在很多国家与众多领导者分享故事中的理念。我要特别感谢安迪·约翰逊说服我讲述这个故事，感谢公司外联与公共关系部主管妮科尔·麦克道威尔孜孜不倦的付出。

最后，我最最要感谢的是我的妻子帕姆。她的耐心照料和支持远远超过我应该得到的。感谢她让我追求我热爱的事业，感谢她所作出的一切牺牲以便我能把思考分享到全世界。

罗恩

与罗恩·普赖斯合作完成这本书是我职业生涯最有意义的事情之一。与埃米莉跟着大卫学习的方式很相似，我也有机会很多天坐在罗恩办公室里，边喝茶边请教问题边聆听。感谢罗恩使我成长为领导者和作家，使我对我的行为准则抱有更强烈的信念，使我对周围事物的影响力有更清晰的认识。感谢罗恩在这一过程中对我的帮助。同时还要感谢帕姆·普赖斯为我们提供可口的茶水。

　　我与罗恩在上面提到过的绿叶图书集团的合作也很愉快。埃米莉·莱昂斯为本书的问世搭建了桥梁，真诚地感谢她，同时感谢绿叶图书集团整个团队对本书的信任。

　　下列人士投入了大量时间和精力来校阅手写稿：布伦特·帕特莫斯、艾丽莎·胡宾、珍妮弗·贝尔特、明迪·波特尼丝、朵瑞恩·德克森以及妮科尔·麦克道威尔。他们每个人都为本书作出了重要贡献。唐娜·库克和弗里达·约翰逊在编辑工作中发挥了重要作用。感谢他们所有人。

　　最后，感谢我的丈夫道格，我的孩子莉莉和麦克斯。感谢他们让我构想出书中的一些场景，当我在办公室赶书稿时给予我的支持。他们让我充满力量，我爱他们。

史黛西

给读者的问题

1. 你喜欢《领导力就是影响力》一书的故事吗？如果这本书是纪实性作品，你是否会有更深或更浅的印象？

2. 你从本书中得到的最有价值的观点是什么？它们为什么对你很重要？

3. 你能联想到书中哪些角色？如果能，是谁？为什么？

4. 这本书对你个人有什么影响？通过阅读能否有助于你更专注职业发展？是否激发你思考如何在未来成为你希望成为的领导者？

5. 你在工作中是否遇到过挫折？你是否认为本书知识能帮助你克服这些挫折和障碍？

6. 你将使用本书哪些工具来改进你的工作？

7. 你个人将遵循哪5条行为准则？你将用哪5条行为准则处理与他人的关系？你认为你遵循行为准则的情况如何？

8. 施加影响的能力对你意味着什么？诚实对你意味着什么？

9. 三个领域的影响力：控制、合作和关注，你在生活中是否有这三个领域的影响力的例子？你是如何促进自己在三个领域进步的？

10. 既然书中的道理对每个人都适用，你认为选用女性作为主人公对故事有什么影响？

11. 领导力的三个维度——性格、专业和职务如何体现在你的生活和工作中？你能改进哪个维度的领导力？

作者问答

1. 是什么促使你们写了这本书呢？你们把它写成了小说，而非纪实性作品，又是因为什么呢？

罗恩·普赖斯（RP）：几年来，我一直就书中的话题做演讲。我们的一个团队成员，安迪·约翰逊不停鼓励我写一本书来讲这些观念，因为他觉得这些观念具有独创性和影响力。对此进行了深思熟虑之后，我最终得出结论，领导力的模式通过小说作品能够更好地传达。最初，我让史黛西做执行编辑和撰文者。很快，我清晰地意识到，她应该成为这本书的共同作者。如果不是她宝贵而富有原创性的贡献，这本书就不可能完成。

史黛西·恩尼斯（SE）：这些年来我写了不少关于领导力的书籍，这些书都很有意义。然而，我还从来没有写过商业和领导力体裁的小说，写这种小说的主意令人兴奋，又极具挑战。和罗恩一起写这个故事最让我开心的事情之一就是，这可以激励我们探索一种新的方法，来交流能深深影响人们生活和事业的领导力方面的经验教训。和罗恩一起写这个故事充分发挥了我的创造力，并帮助我成为更好的领导者。我迫不及待想要看到这本书对他人产生的影响。

2. 在写这个故事的过程中，你们有没有什么新发现？

RP：在写作的过程中，我们总是会有新发现！我们一早就达成一致，在具有性别偏见的环境中构建我们的领导力见解一定很有价值。然后，"我也一样"（#metoo）运动发生了，并提升了我们所做之事的重要性。

SE：我同意罗恩的看法——关于书的内容和角色，我们了解了很多，并且在写这本书的过程中，我们也认识到讲故事在媒体报道中的重要性。但是，除此之外，当罗恩和我深挖这本书的概念时，我学到了领导力中交流的力量。在我们提炼观点及探索读者不同的解读和实施方法时，我们把好几个小时的讨论都记录了下来。

3．在你们写书的过程中，最令人满意的经历是什么呢？你们学到的最重要或者最有益的经验又是什么呢？

RP：对我而言，和史黛西一起合作就是一个非常令人满意的经历。她是一个写作技巧非常娴熟的作家，她自己身上就带有一系列我看重却从不具备的经历。虽然我们背景极不相同，我们共享很多价值观。这又一次提醒了我，单打独斗时我能做的多么有限，而和有才能的人合作时，我的写作会优秀多少倍！

SE：和罗恩一起完成这本书教会了我，当把两种观点并到一起去创造比我们自己一个人来做更伟大的事情时，会发生什么。罗恩是我见过最注重价值和伦理、努力工作的领导者之一。同时，他也是一个伟大的倾听者。当我们看到"我也一样"运动和修订这本书的过程一同展开时，我们深入探讨这对职场中的女性意味着什么。他演示了同理心和理解力，这也是我努力想要带入自己的领导力中的。

4．你们在共同创作这本书中面临的最大挑战有哪些？获得的最大的回报又有哪些呢？

RP：时间安排是我们唯一一个真正的挑战。工作中我极其繁忙，高达70%的工作时间我都在飞行中度过。只有在正常的上班时间之余我才能写书。在整个过程中，史黛西非常有耐心，并能迅速做出回应。最大的回报就是见证一个我们俩都无法单独创造的成果。加入这个富有创造性的过程一直是我最大的乐趣之一。在我看来，有目的地写小说是一段绝妙的旅程，我对我们最终取得的成果感到兴奋不已。

SE：罗恩的回答使我很开心，因为他可是修改稿件方面的专家——真的是一位很理想的合作者！作为一名每年大概写两本半书的作家，对我而言最大的挑战就是突破常规的非虚构性写作，而和罗恩合作创造出埃米莉和大卫这两个角色并讲述他们的故事。最大的回报？哪怕经过这么多轮的修订，每当读到最后一章的时候，我依然会潸然泪下。对于我来说，我们写了这个故事并对其内容做了恰如其分的处理。

5. 你们的书和其他领导力方面的书的不同之处是什么？

RP：我们的写作模式是独创的，40多年来，这些模式一直经受检验并被证明是有效的。它们是理解和鼓励卓越领导力方面的延伸。

SE：我和罗恩的看法一致，领导力方面的经验都是他积累的。我帮忙完善和扩展，它们都是罗恩几十年来形成的观念。我们的书还有一个独特之处，那就是它把两种来自不同背景和生活经历的声音糅合在一起，来讲同一个故事。这将使更广泛的读者能够把故事中的角色和领导力方面的经验教训联系到一起。

6. 大卫在书中所分享的知识来自哪里呢？这些知识是你在自己的职业生涯中学到的，还是从他人的职业生涯中看到的，或者说研究得来的？

RP：大卫的知识大多数来自我的个人经历，或者和其他领导者的工作经历，书中的大部分内容都是我个人的经历。也有几处令我兴奋不已的特殊的点睛之笔来自史黛西的经历。

SE：罗恩的故事贯穿了整本书。你将通过埃米莉的经历看到我生活的点滴，尤其是涉及她养育子女这件事上。罗恩和我的一些讨论也通过大卫和埃米莉出现在了书中。

7. 你们认为从《领导力就是影响力》一书中能得到的最重要的信息或者启示是什么呢？为什么？

RP：如果我必须把它缩小成一条信息，那就是：每个人都是一个领导者，他们的影响力就是他们性格、专业和职务的组合。意图明确的领导者考虑从基于个人热情和目的之上的这三个维度建立诚信。

SE：对于罗恩的回答我再补充一点：所有的领导者都有成长的机会，无论他们现在身处何种境况。个人意愿大小决定了成长高度。

8. 还有没有什么内容是你们两个想要写进书里，但是却可能没有机会写进去的？

RP：这本书体现了我所希望它能体现的一切。因为它是我早期著作（《创新者的优势》《完整的领导者》及《内部财富》）的一个延伸。我把它看作自己思考领导力之旅的一部分。或许我将来还会出一两本书来实现和他人分享这些思考的愿望。关于领导力有太多优秀的作品，在此无法向所有我钦佩并从其作品受益的作家致谢。我们在普赖斯联合公司的团队成员已经创作出版了好几本书，这些书都差不多位于我的书单榜首。详情咨询：http://price-associates.com/store。

SE：作为一个作家，我愿意探索一个关于这个故事的更为复杂的版本。因为这是一本商业寓言，为了让故事传递一些经验教训，我们做了一些取舍。

9. 你们将来有什么计划吗？会再写一本书吗？

RP：我希望至少再写两本。在过去的五到七年时间，我一直在通过演讲以及跟领导者之间的谈话来收集整理内容，我希望这些演讲和谈话可以用作我将来写作的依据。我一直致力于找到做决策的新方法，找到切实的有效监管的密钥，把价值观理论（价值论）作为一种管理实践来应用。我希望最终能将关于这些话题的思考写入书中给别人以帮助。

SE：关于有件事我特别兴奋，那就是我和其他三位了不起的女性一起创立的女性领导力培训平台，详情咨询：http://nextlevelwomenleaders.com。对于再写一本书，我的答案是肯定的。我从小学开始就定期写作，并且我也不打算很快停止写作。我也期待以自己的名义出版更多的书籍，因为之前为别人代写了很多书。

10. 你们与书中的角色有相似之处吗？如果有，是哪位角色？为什么？

RP：大卫和埃米莉！可能跟大卫更一致，因为他的故事来源于我的人生故事。但是埃米莉的经历也有我个人自传的元素。

SE：我也和书中两个人物有相似的地方，不过更像埃米莉。我是两个孩子的妈妈。埃米莉需要平衡家庭和事业，这种挑战让我深有同感。我丈夫也是一位全能父亲，他对我始终如一的支持也很像埃米莉的丈夫杰森。

11. 你们为本书做了哪些研究？

RP：在过去40多年里我读过数千本书，然后把我学到的知识运用到实践中，并最终作为执行教练和项目导师同很多新任领导者共事。因为我对一个问题的思考至少需要5年时间，所以与其说我的研究是在本书写作过程中进行，不如说是在工作过程中进行的。

SE：我喜欢研究，而且花了很多时间用来听关于商业女性、领导力等领域的播客，看相关书籍和文章。像罗恩一样，我也是一个狂热的读者，用十几年的时间思考并凝练本书中的概念。